Weiberröcke
und Leichen

Die Titelbilder:

Oben: Die Fähre WARNEMÜNDE läuft bei Sturm in Warnemünde ein
Unten links: MS SCHWERIN 1964 auf der Rückreise von Mexiko im Nordatlantik bei Windstärke 12
Unten rechts: Die Reste des im Taifun gestrandeten britischen Passagierschiffes UGANDA vor Kaohsiung

Hans-Hermann Diestel
Kapitän

WEIBERRÖCKE UND LEICHEN

Geschichten zu Sprüchen der Seeleute und „Landeier“

Engelsdorfer Verlag
Leipzig
2015

Bibliografische Information durch die Deutsche Nationalbibliothek:
Die Deutsche Nationalbibliothek verzeichnet diese Publikation in der Deutschen Nationalbibliografie; detaillierte bibliografische Daten sind im Internet über http://dnb.dnb.de abrufbar.

ISBN 978-3-95744-788-3

Copyright der Abbildungen:
Fotos aus dem Internet wurden mit ihrer Quelle oder dem Hinweis „gemeinfrei“ ausgewiesen. Das Schiffbau- und Schifffahrtsmuseum Rostock stellte die EMANUEL, das DSR-Archiv die FIETE SCHULZE und Wolfgang Kramer die PANCIU zur Verfügung.
Alle anderen Fotos entstammen dem Archiv des Autors.

Hergestellt in Leipzig, Germany (EU)
www.engelsdorfer-verlag.de

12,00 Euro (D)

INHALT

EINLEITUNG

Sprichwörter faszinieren mich seit Jahrzehnten. Einer meiner Lieblingslehrer von der Seefahrtschule Wustrow, Professor Bruno Jenssen, teilte mit mir dieses Hobby und schenkte mir zu meinem 60. Geburtstag eine kleine Sammlung. Es ist ein großes Vergnügen, sie von Zeit zu Zeit zu lesen. Besonders gefällt mir der große Reichtum an Seemannssprüchen aller zur See fahrenden Nationen. Sie sind einzigartig. Konrad Reich, Rostocker Autor („Himmelsbesen über weißen Hunden“) und Verleger, würdigte mit dem folgenden Text die in ihnen sichtbar werdende Sprache der Seeleute: *In der Zeit der großen Segelschiffe lagen Wirkliches und Phantastisches, Geschichte und Mythologie nah beieinander. Das Leben an Bord und auf See, die Fahrten im vertrauten Gewässer oder zu unbekannten Fernen müssen für die seetüchtigen und seekundigen Fahrensleute von einer tief erregenden Wirkung gewesen sein, wie anders ließe sich die ungestüm-kreative Phantasie erklären, die wir in der Sprache des Seemanns seit alters her finden.* Diese Einschätzung ist Labsal für einen Seemann, dem die Sprache seines Berufsstandes nicht gleichgültig ist. Mein Interesse geht aber über die Sprichwörter der Seeleute hinaus. Von den Sprüchen der „Landeier“ gefallen mir besonders die spanischen wegen ihrer oft derben und deftigen Sprache sowie die indischen mit ihrem hohen intellektuellen Niveau. Deshalb stimme ich dem Sprichwort

> *Alle Sprichwörter müssten mit goldenen Lettern geschrieben werden*

uneingeschränkt zu. Sebastian Franck hat es schon 1541 so formuliert:

> ... und ist bei allen Nationen
> und allen Zungen die größt Weisheit aller
> Weisen in solich Hofred und abgekürzte
> Sprichwörter als in einen verschlossenen
> Kasten alle irdische und ewige Weisheit eingelegt.

Wie zutreffend die von mir ausgesuchten Sprichwörter und Zitate die Realität in der Schifffahrt wiedergeben, werden die verschiedenen Geschichten, Augenzeugen- und Untersuchungsberichte dem Leser zeigen. Dabei lege ich Wert auf Geschichten, die überprüfbar sind. Visionen, Einbildungen usw., die sich bei Autoren wie Charles Berlitz („Das Bermuda-Dreieck") oder bei John Canning („Die großen ungelösten Rätsel des Meeres") finden, sollen mit einigen wenigen Beispielen als Phantastereien aufgeführt werden. Sie zeigen dem Leser, wie sie von diesen Autoren ***an der Nase herumgeführt werden***.

Konrad Reich während eines Hafenstammtisches mit dem heutigen Rostocker Oberbürgermeister Roland Methling (1. rechts) und dem Autor (1. links)

Dieses Buch beschäftigt sich vor allem mit Schiffen und ihren Seeleuten. Schon als Kind standen Schiffe an erster Stelle meines Interesses. Dabei ist es geblieben. Die Seeleute verdienen mehr Aufmerksamkeit als die Schiffe, weil sie sie bewegen und weil der Reichturm dieser Welt auf ihrem Rücken geschaffen wurde. Ohne sie gäbe es ihn nicht. Wer das für unsere Zeit nachvollziehen will, muss sich nur die Statistiken zum Seetransport ansehen. In dieser Welt lassen ein paar egoistische Flugzeugführer oder Lokführer die Räder stillstehen, weil einige wenige von ihnen in ihrer Position die Bevölkerung erpressen können. Die Seeleute, die von allen Kontinenten aus zahllosen Ländern kommen, sind so schlecht organisiert, dass man sie miserabel bezahlen, verpflegen und behandeln kann, ohne dass es zu einer erwähnenswerten Reaktion kommt. Ihr Schiff mag bei Sonnenschein gerade noch schwimmen, aber sie steigen auf. Die Kombüse hat eher etwas mit einem Schweinestall zu tun, aber sie holen sich beim „Smeerlappen" ihr „Essen" ab. Mit ihrer Arbeit, ihrer Disziplin und ihrem Einfallsreichtum helfen sie den dafür verantwortlichen Banditen, das Schiff in Betrieb zu halten. Wenn das dann nicht mehr klappt, werden sie und ihr Schiff einfach aufgegeben. Wer hilft ihnen dann, ihre Heuer und ein Ticket für den Rückflug zu bekommen? Der sogenannte Reeder nicht. Letzte Hoffnung ist in einer solch verfahrenen Lage die Internationale Transportarbeiter-Föderation.

Diese Behandlung der Seeleute und ihr zum Teil daraus resultierendes miserables Ansehen hat Tradition. Schon der arabische Staatsmann und Autor BAHA'AD-DIN (1189) hat mit folgenden Worten eindrucksvoll beschrieben, welches Ansehen zu seiner Zeit die Seeleute hatten: *Wir waren damals im Winter, das Meer war zornig, und, wie es im Qur'an heißt, die Wellen erhoben sich wie Berge. Es war das erste Mal, dass ich das Meer sah, der Anblick machte mir den tiefsten Eindruck. Ich sagte bei mir selber, wenn man mir auch die ganze Welt böte, würde ich niemals einwilligen, auch nur eine Meile auf diesem Element zurückzulegen; und ich war versucht, die für Narren zu halten, die für ein armseliges Gold- oder Silberstück furchtlos ein Schiff bestiegen; mit einem Wort, ich schloss mich der Ansicht derer an, die einen Menschen schon allein deswegen für unvernünftig halten, weil er sich dem Meer anvertraut, und die sein Zeugnis vor Gericht nicht für annehmbar halten.*

Ich sehe mich als einen sehr glücklichen Menschen an, der den größten Teil der Seefahrt in einer Gesellschaft verbracht hat, die seine Arbeit schätzte und in der nicht nur der Kapitän über ein sehr hohes Prestige verfügte. Das heißt nicht, dass wir keine Sorgen hatten oder dass unser Beruf einfach war. Der Beruf des Seemanns war niemals leicht. Deshalb waren und sind wir unverändert davon überzeugt, dass Perikles mit dem folgenden Spruch recht hat:

> *Wenn irgendetwas, so ist das Seewesen eine Kunst, die nicht gelegentlich und nur nebenbei geübt sein will, sondern im Gegenteil, es darf nichts anderes neben ihr getrieben werden.*

Wer ihn berücksichtigt, hat gute Chancen, seinen Heimathafen wieder zu erreichen. Ungeachtet ihrer miserablen Behandlung, ihres wahrlich nicht leichten Berufes und der arroganten Missachtung ihrer Leistung durch „Landeier“ lieben sie ihren Beruf und das Meer. In der Liebe zum Meer sind sie nicht allein. Warum das so ist, erklärte der amerikanische Präsident

John F. Kennedy so: *Es ist ein interessanter biologischer Fakt, dass wir alle in unseren Adern den gleichen Prozentsatz an Salz wie das Meer haben. Deshalb haben wir Salz in unserem Schweiß und in unseren Tränen. Wir sind an den Ozean gebunden. Und wenn wir zum Meer gehen, um zu segeln oder um es zu sehen, gehen wir dahin zurück, wo wir hergekommen sind.*

Herd in der Kombüse eines Feederschiffes, das der Autor als „Ausbildungskapitän" besuchte

SABBELN, SNACKEN ODER KOMMUNIZIEREN

Zur Sprache der Seeleute habe ich schon den Rostocker Autor und Verleger Konrad Reich in der Einleitung zitiert. Sie ist so kompliziert wie der Beruf der Seeleute. Deshalb haben sie selbst gelegentlich Probleme mit den verschiedenen Begriffen. Das betrifft nicht nur die deutschen Seeleute, sondern auch die, die sich der englischen Sprache bedienen. So habe ich mit dem „The Nautical Institute“ in London über die Definition verschiedener Begriffe diskutiert. Die Damen und Herren dieser Organisation sahen sich weder in der Lage, meinen Auffassungen zu widersprechen, noch ihnen zuzustimmen.

Auch deshalb kann es gar nicht anders sein, als dass die Kommunikation auf einem Schiff wie in der Ehe seit uralten Zeiten ***ein heißes Eisen*** ist. Das wird schon an der Wortwahl, die jemand für diesen Vorgang verwendet, deutlich. Für mich war immer vieles weiter nichts als Sabbeln (unaufhörlich und schnell (dummes Zeug, Unsinn) reden). Das Gesagte gibt leider zu oft dem Spruch ***Nicht der Rede wert sein*** recht. Wesentlich humorvoller ist da schon der Ausdruck „snacken“, den viele Norddeutsche gerne verwenden. Seine ursprüngliche Bedeutung ist „den Mund öffnen“. Wenn man miteinander snackt, gehört schon ein wenig Humor und gegenseitige Achtung dazu. Das wird in dem folgenden Döntje deutlich: „Ehelüd vertüürnen sick. De Fru seggt: ‚Ich räd di nich wedder an.‘ Se maken ’ne Wett. He kriggt ’n Striekholt her und lücht’t ümher, as wenn he wat söcht. Toletzt kann se’t nich uthollen: ‚Wat söchstd du?‘ – ‚Dienen Mund!‘“

Das berühmteste Beispiel für die Bedeutung der Sprache auf einem Schiff ist die Meuterei auf der BOUNTY. Die entscheidende Ursache für die Meuterei auf der Südseereise war nicht, wie immer wieder irrtümlich oder wider besseren Wissens behauptet, die Brutalität von William Bligh. Es war seine Sprache. In seiner Wut über die Unfähigkeit seiner Offiziere, nicht seiner Mannschaft, beschimpfte er sie in beleidigender und unmäßiger Weise. Leutnant Bligh konnte den folgenden Spruch von Napoleons Minister Talleyrand noch nicht kennen, aber der Kollege eines Containerschiffes schon. Talleyrand hatte gesagt: ***Die Sprache ist dem Menschen gegeben, um seine Gedanken zu verbergen.***

Portrait von Rear Admiral William Bligh von Alexander Huey, 1814 (National Library of Australia)

Der Kapitän eines 6479 TEU großen Containerschiffes, das ich nach einer Kollision als „Ausbildungskapitän" besuchte, hätte sowohl Bligh als auch Talleyrand kennen müssen. Seine Sprache war nicht besser als die von Bligh. Das Schiff steuerte im Nebel den südlich von Shanghai gelegenen Containerhafen Yangshan an und kollidierte dabei mit einem sich ebenfalls unter deutschem Management befindenden Containerschiff. Die folgenden Tiraden des rumänischen Kapitäns zeigen überdeutlich sein Missfallen betreffend seiner deutschen und kroatischen Kollegen. Sein Wutanfall hat ihn zweifellos abgelenkt, seine Fähigkeit, die Lage rational und sachlich zu analysieren, beeinträchtigt, und ihm nicht geholfen, die Kollision zu verhindern. Der Kapitän des Containerschiffes sagte u. a., als die beiden Schiffe aufeinander zuliefen: „Fucking Deutsche ... er geht auf 80, wenn er so gehen möchte, warum muss ich diese idiotischen Deutschen treffen ... fucking shit, mein ganzes Leben diese idiotischen Deutschen und Kroaten ... heilige Scheiße – hart nach Backbord ..." Das alte Sprichwort ***Reden ist***

Silber, Schweigen ist Gold trifft auf den Rumänen in zweierlei Hinsicht zu. Auf der einen Seite war das, was er von sich gegeben hat, unqualifiziert und auf der anderen Seite hätte er sich, wenn er seinen Schnabel gehalten hätte, auf seinen Job konzentrieren können. Wir, in diesem Fall aber ganz besonders der rumänische Kollege, sollten uns mehr um unsere Sprache kümmern. George Orwell argumentierte in den 40er Jahren des vorigen Jahrhunderts aus gutem Grunde: *Wenn Gedanken die Sprache korrumpieren können, dann kann auch die Sprache die Gedanken korrumpieren.*

In der Schifffahrt wird seit ***uralten Zeiten*** Wert auf eine einfache, kurze und unmissverständliche Sprache gelegt. Wie schwer sich die Schifffahrt damit tat, beweist die Geschichte der Ruderkommandos. Nach der Kollision der PRINCESS ALICE mit der BYWELL CASTLE am 3. September 1878 auf der Themse, bei der etwa 640 Menschen ums Leben kamen, schuf das Board of Trade ein Komitee, das Vorschläge für die Verbesserung der Schiffssicherheit erarbeiten sollte. Einer der Vorschläge war, dass die Befehle an den Rudergänger für das Ruder(blatt) anstatt für die Ruder(pinne) gegeben werden sollten. Die früheren Ruder(Helm/Tiller/Pinne)-Befehle waren ein Relikt aus der Zeit der kleinen Segelschiffe mit einer Ruderpinne. Legte man die Ruderpinne nach Backbord, drehte das Schiff nach Steuerbord. Obwohl die Ruderpinne schon lange aufgegeben worden war, behielt man die Befehle bei. Diesen Vorschlag realisierten die Briten erst am 1. Januar 1933. Wie sie selbst sagen, haben viele weniger konservative Nationen dies schon lange vorher getan. Dieses sprachliche Durcheinander sorgte auf der Brücke, vor allem in kritischen Situationen, für Verwirrung zwischen dem Lotsen und dem Rudergänger. Mit der Änderung wurden alle Elemente der Ruderanlage in Übereinstimmung gebracht. Das Ruderrad wurde vom Rudergänger nach Steuerbord gedreht, dadurch bewegte sich das Ruderblatt nach Steuerbord und der Bug des Schiffes folgte in die gleiche Richtung.

Ungeachtet der enorme Bedeutung besitzenden Kommunikation kann ich kaum Sprüche der Seeleute zu diesem Problem finden. Ich muss deshalb wieder einmal auf die von „Landeiern“ zurückgreifen.

Über die Jahrhunderte haben sich auch die Mittel zur Kommunikation erheblich verändert. Die oft gedankenlos gerühmte Moderne hat in der

Schifffahrt das Typhon und die Flüstertüte erst durch das UKW-Sprechfunkgerät und das Walkie-Talkie und dann vor allem durch das Mobiltelefon ersetzt. Diese technischen Möglichkeiten förderten das keine Grenzen mehr kennende Sabbeln. Der schon erwähnte Spruch ***Reden ist Silber, Schweigen ist Gold*** könnte dem Verantwortlichen auf der Brücke helfen, erst zu überlegen, dann zu entscheiden und daraufhin auch zu handeln. Er gilt leider bei zu vielen Seeleuten nicht mehr. Es gab und gibt aber immer wieder Kapitäne, die sich dieser Entwicklung entgegenstemmen. Kapitän J. J. Millar vom Containerschiff MARS forderte in seinem wöchentlichen Managementbericht das Unternehmen Alpha Ship und damit mich als Sicherheitsbeauftragten auf, etwas gegen das Gesabbel der Lotsen zu unternehmen. Sein Missfallen fanden die Lotsen, die beim Manövrieren des Schiffes in engen Gewässern ihr Mobiltelefon ausufernd nutzten. Sie lenkten sich damit ab und beeinträchtigten die Konzentration des Kapitäns. Ich bin dem Wunsch meines geschätzten britischen Kollegen sehr gerne nachgekommen und habe in der entsprechenden Verfahrensanweisung im Handbuch des Unternehmens die Lotsen aufgefordert, diese die Sicherheit des Schiffes beeinträchtigende Praxis zu unterlassen. Damit war das Problem nicht gelöst, aber es gab dem Kapitän die Möglichkeit, mehr Druck auf den Lotsen auszuüben. Noch gravierender wird die Sicherheit von Schiff und Besatzung sowie die möglicher Passagiere durch den kritiklosen Einsatz des UKW-Gerätes und des Mobiltelefons beeinträchtigt. Die folgenden Beispiele können ***einem die Rede verschlagen***. Der Missbrauch des UKW-Gerätes, um gegen die Kollisionsverhütungsregeln verstoßende Absprachen zu treffen, führten zur Kollision des Passagierschiffes ADMIRAL NACHIMOV und des Bulkers PJOTR WASSEW am 31. August 1986 im Schwarzen Meer. Der Seeunfall kostete 423 Menschen das Leben. Die Deutsche Seereederei Rostock hatte nur zwei Monate zuvor ihre Kapitäne und Offiziere im Informationssystem Flotte mit einem Papier unter dem Titel „Vor UKW-Absprachen wird gewarnt" aufgefordert, derartige Gespräche und Absprachen zu unterlassen.

Das sowjetischen Passagierschiff ADMIRAL NACHIMOV (ex BERLIN)

Nicht alle Schifffahrtsunternehmen engagierten sich in dieser Weise. Weitere Seeunfälle konnten nicht ausbleiben. Die beiden Massengutfrachter HANJIN MADRAS (150 977 tdw) und MINERAL DAMPIER (170 698 tdw) kollidierten am 22. Juni 1995 südlich der koreanischen Insel Jejudo (früher Quelpart). Die Wachoffiziere beider Schiffe kommunizierten miteinander, trafen Absprachen zur Kollisionsverhütung, handelten aber nicht angemessen. Aufgrund der Kollision sank die voll abgeladene MINERAL DAMPIER ***mit Mann und Maus***. 27 Seeleute verloren ihr Leben, weil die beiden Wachoffiziere den Unterschied zwischen sinnlosem Gerede und Führung ihres jeweiligen Schiffes nach den Regeln guter Seemannschaft zur Einhaltung der Kollisionsverhütungsregeln offensichtlich nicht kannten. Sowohl als Kapitän als auch als Verantwortlicher für die Seeunfalluntersuchung der DSR habe ich mich immer gegen den unüberlegten und sinnlosen Gebrauch vor allem des UKW-Gerätes ausgesprochen. Vor Kurzem fand ich ein Beispiel, ***das dem Fass den Boden ausschlägt***.

Das Containerschiff CMA CGM FLORIDA und der Bulkcarrier CHOU SHAN kollidierten am 19. März 2013 etwa 140 sm östlich von Shanghai.

Das Containerschiff war auf dem Weg nach Pusan in Südkorea und der Massengutfrachter wollte nach Australien. Die CHOU SHAN kreuzte den Kurs der CMA CGM FLORIDA von Backbord und war damit ausweichpflichtig. Der chinesische Wachoffizier (WO) des Bulkers forderte seinen Kollegen auf dem Containerschiff über UKW auf, hinter dem Heck seines Schiffes herumzugehen. Die Kommunikation zwischen beiden Schiffen wurde vom WO der CHOU SHAN und einem chinesischen Zweiten Offizier, der gerade auf das Containerschiff aufgestiegen war und sich zur Einweisung auf der Brücke befand, in Mandarin geführt. Das widersprach den Sicherheitsbestimmungen des unter britischer Flagge und von einer französischen Reederei gemanagten Schiffes, denn die legten Englisch als Arbeitssprache fest. Der philippinische Wachoffizier (II.N.O.) sprach nicht Mandarin und konnte deshalb nicht verstehen, dass sein chinesischer Kollege, der auf der Brücke überhaupt nichts zu sagen hatte, dem Ansinnen, das den Kollisionsverhütungsregeln widersprach, zustimmte. Das Ergebnis dieser chinesischen Absprache war eine schwere Kollision, durch die die beiden Schiffe erheblich beschädigt wurden und 610 Tonnen Schweröl ins Meer liefen.

Seit dem „Siegeszug" des Mobiltelefons wird es immer häufiger als Ursache für Seeunfälle benannt. Der Wachoffizier der BUNGA TERATAI SATU konzentrierte sich so sehr auf ein Telefonat seiner Frau, das sie mit dem Mobiltelefon von der Brücke aus mit der Familie zu Hause in Pakistan führte, dass er überhaupt nicht an den Kurs seines Schiffes dachte. Es lief dann wegen einer unterlassenen Kursänderung auf ein Riff vor der australischen Ostküste.

Der Spruch ***Wenn der Schiffer „Land" ruft, kann man noch nicht aussteigen*** hätte die Fahrgäste auf der indonesischen Fähre ACITA 3 am Abend des 18.10.2007 vor Bau Bau, Buton warnen können. Die mit fast 200 Passagieren völlig überladene Fähre (Kapazität 90 Passagiere) war auf dem Weg von der Insel Sulawesi nach Buton. Als sich das Schiff dem Hafen näherte, stürzten zu viele Passagiere an Deck, um mit dem Mobiltelefon Angehörige von ihrer baldigen Ankunft zu informieren. Die Fähre wurde instabil und kenterte. Ungeachtet eines großen Rettungseinsatzes verloren 60 Menschen ihr Leben. Das bestätigte einmal mehr den Spruch:

Man kann auch noch an der Mole Schiffbruch erleiden.

Abgesehen von solch dramatischen Ereignissen gibt es gerade in der Schifffahrt im Zusammenhang mit der Sprache immer wieder Momente, in denen man herzhaft lachen kann, weil wir eben nicht alle ***die gleiche Sprache sprechen***. 1979 erhielt ich auf meiner Reise mit der FRIEDRICH ENGELS in Rotterdam über unsere Agentur von Holland Fumigation B.V. das folgende Schreiben:

> *Sehr geehrter Herr Kapitän,*
> *Herzlich willkommen in diesem Hafen.*
> *Für die folgenden Zeilen möchten wir gerne Ihre Andacht:*
> *Im Falle, dass Ihr Schiff von Ungetierte Last hat, wie z.B. Kakerlaken-Getreidekäfer – Ratten u.s.w. können wir Sie ohne Zweifel auf eine schnelle und erfahrene Manier davon befreien. Egal welche Sorte, wir können sie mittels Sprühbehandlung mit verschiedenen Insecticiden ... vertilgen*
> ...
> *Falls Ratten sich über Ihr Mittagessen hermachen können Sie sie besser mit HF Rattengift füttern anstatt mir Ihrem Essen.*
> *Was unsere Apparaturen betrifft können wir Ihnen einen einfachen Handsprayer liefern aber auch, auf Wunsch, einen Motorsprayer. Mit unseren Instruktionen und Advisen kann Ihre eigene Besatzung die Behandlung selber durchführen während Ihr Schiff auf See ist. Selbstverständlich sind unser Advise ganz freibleibend.*
> *Hochachtungsvoll*
> *... (General Manager)*

Die gleiche Sprache sprechen auch die Seeleute und die Journalisten in verschiedenen Medien nicht. Eine typische Schifffahrtsmeldung lautet zum Beispiel:

Containerfrachter MSC Flaminia verholte nach Odense *(02.12.13)*

Am 30.11. um 11.30 Uhr machte der deutsche Containerfrachter „MSC Flaminia“, 75590 gt (IMO: 9225615) beim Odense Steel Shipyard fest. In den vergangenen Tagen war ein Teil der kontaminierten Ladung in Aarhus gelöscht worden ...

Die Entsorgungsfirma NORD soll nun 25,000 Tonnen Gefahrgut in Zusammenarbeit mit der Fayard-Werft und der H.J. Hansen Geningdvinding von Bord holen.

Der Auftragswert beträgt 50 Millionen dänische Kronen. Die **Fracht** *(Hervorhebung HHD) soll in den Hochöfen von NORD in Nyborg in den kommenden Monaten verbrannt werden.* (Quelle: Tim Schwabedissen)

Schornsteinmarke der Reederei Mediterranean Shipping Company (MSC)

Diesen Unfug wird ganz gewiss niemand machen, denn die **Fracht** ist das Geld, das der Charterer oder Reeder für die Beförderung der Ladung bekommt. Der Charterer war MSC (Ökelname: „Mafia Shipping Company“). Als ich 1990 mit der AQUITANIA an MSC verchartert war, habe ich bei der Reederei nicht die geringste Neigung zum Verbrennen von Geld erkennen können. Es sind denn auch die Reste der Ladung, die verbrannt werden sollen.
Der Verfasser dieser Meldung ist durchaus nicht der Einzige, der Schwierigkeiten mit der Bedeutung bestimmter maritimer Begriffe hat. Ein weiterer beliebter Begriff, den er, wie auch zahlreiche Fachjournalisten, falsch verwendet, ist das „Rammen“. Kriegsschiffe haben sich früher gerammt, Schiffe kollidieren miteinander.

AM ANFANG WAR DAS SCHIFF

Vor ein paar Jahren hatten wir, meine Frau und ich, im Alten Land ein Haus gemietet, damit ich vom Ufer aus die auf der Elbe verkehrenden Schiffe fotografieren konnte. Neben mir stand oft ein noch nicht einmal vierzehn Jahre alter Junge aus dem Ruhrgebiet, der dieses Hobby wie ein Profi betrieb. Schiffe ziehen die Menschen an, egal ob sie klein oder groß sind. Es heißt nicht umsonst: ***Ihre Zahl ist Legion***.

Im Lexikon Seefahrt (1981) findet sich folgende nüchterne Definition zum Schiff: *Wasserfahrzeug, das allgemein zum Transport von Personen oder Gütern auf dem Wasserwege vorgesehen ist.* Mit dieser Definition wird kein Seemann, der sein „Brotschiff" liebt, zufrieden sein. Andererseits habe ich oft Beschreibungen zu einem Schiff gelesen, die ich einfach für albern halte. Als nüchterner Mecklenburger habe ich mit den folgenden Worten Basil Lubbocks, die er in seinem Buch „The Log of the CUTTY SARK" zu dem berühmten Tee- und Wollklipper schrieb, meine Probleme: *Ihre Geschwindigkeit ist ihr Hauptanspruch für ihre Berühmtheit. Sie hatte viele andere Charakteristiken, die wir nicht negieren dürfen. Als Segelschiff hatte sie einen Charakter, der genauso komplex war wie der eines Menschen. Daraus entstehen eine spezielle Faszination und ein ewiges Interesse derjenigen, die sie führten. Sie hatte ihre Macken, ihre Tage sanfter Vernunft und sie hatte ihre Tage schlechten Temperaments und des Eingeschnapptseins. Es gab Dinge, die sie mochte, und es gab Dinge, die sie nicht mochte. Sie konnte auf jede Aktion eines Mannes reagieren und sie konnte, wie ein bockendes Pferd, dies nicht tun.*
Da halte ich es doch viel eher mit Joseph Conrad, der in „Der Spiegel der See" schrieb: *Schiffe sind in Ordnung: Es sind die Männer in ihnen*.
Zur grundsätzlichen Bedeutung des Schiffes hat Arved Fuchs in dem Buch zum Internationalen Maritimen Museum in Hamburg „Am Anfang war das Schiff" die folgenden bemerkenswerten Worte geschrieben: *Kein anderes Transportmittel hat die Geschichte der Menschheit so beeinflusst wie das Schiff. Es ist das älteste und geschichtsträchtigste Fahrzeug aller Zeiten. Mit ihm verbinden sich gleichermaßen Abenteuer, Handelsinteressen, Mythen, Tragödien und Poesie. Bezieht man die Seekriegsgeschichte mit ein, sind sie gewissermaßen auch ein Spiegelbild der Entwicklungsgeschichte der Menschheit. Es sind die mutigen Entdeckungsreisen eines Fernando Magellan oder eines James Cook, aber auch die kühnen Fahrten früher Handelsreisen wie der Hanse oder der Ostindienkompanie, die die Welt zu der gemacht haben, die sie heute ist. Ohne Schiffe wären keine fremden Kontinente entdeckt und keine neuen Handelswege erschlossen worden ...*

Der britische Teeklipper CUTTY SARK im Dock in Greenwich, bevor er die heutige Form als Museum erhielt

Arved Fuchs bestätigt damit den alten griechischen Spruch:

> *Manch einer meint die Reiter,*
> *ein anderer die Pferde,*
> *ich aber sage Euch,*
> *die Schiffe sind der Menschen höchstes Gut.*

Die Menschheit hat einen langen Weg vom Einbaum zum 19.000-TEU-Container-Schiff zurückgelegt. Die Seeleute hatten zuerst allen Grund, sich mit ihren Nussschalen an der Küste entlangzutasten und um Gottes willen nicht den Spruch

> *Oh Gott, der Ozean ist so groß,*
> *und mein Schiff so klein*

zu vergessen. Zwischen dem Einbaum und dem Containerschiff liegen neben anderen bemerkenswerten Typen die Dschunken der Chinesen.

Chinesische Dschunke 1977 im Hafen von Hong Kong

Sie haben mit ihnen außergewöhnliche Reisen vollbracht und sind auf diesen Reisen zu dem bemerkenswerten Schluss gekommen: ***Das Wasser, welches das Schiff trägt, ist dasselbe, das es verschlingt.*** Die Chinesen haben einen anderen Weg bei der Entwicklung ihrer Schiffe als die Europäer beschritten. Die Europäer, von denen sich gerne einige mit dem Titel „traditionelle Schifffahrtsländer" schmücken, nahmen den Fisch als Vorbild für die Form ihrer Schiffe. Das ist ein logischer Gedanke. Die Chinesen wählten einen anderen, ebenso logischen Weg. Sie orientierten sich an den schwimmenden Wasservögeln, die mir ihrer Brust die Wellen brechen und mit ihren Füßen und dem Schwanz steuern. Hätten die Chinesen die Seefahrt am Anfang des 15. Jahrhunderts nach den Reisen Admiral Zheng Hes nicht abrupt aufgegeben, wären sie bei der Größe und Qualität ihrer Dschunken zweifellos die „traditionelle Seefahrernation" geworden.

Die Größe der Schiffe entscheidet nicht allein über ihre Seetüchtigkeit. Das hat die Fischerei mit ihren Kuttern, Loggern und Trawlern, die am unteren Ende der Größenskala rangieren, immer wieder bewiesen. Max Moldenhauer, ein alter Wustrower Fischer, erzählte mir mit den folgenden Worten, wie er seine Schiffe gesehen hat: *Wir fuhren immer ums Nordkap in die Barentssee, zehn Tage hin und zehn Tage zurück. Bei schlechtem Wetter dauerte das ja noch länger. Der Logger hatte ja nur eine Geschwindigkeit von 10 Knoten, der lief ja nichts. Außerdem hatten die Logger keine Back. Jedes bisschen Wasser kam an Deck, ganz besonders wenn die Logger nach dem Fischen abgeladen waren. Das hat mir überhaupt nicht gefallen, auch weil wir bei Windstärke 10 und mehr nicht in die norwegischen Häfen einlaufen durften. Dann bist du da mit deinem Logger bei den Lofoten herumgehumpelt. In der Barentssee, wo wir auf Rotbarsch gefischt haben, musstest du zusehen, dass du mit deinem Schiff, genauso wie in der Nordsee, auf tiefes Wasser kamst. Auf tiefem Wasser sind die Wellen ja nicht so hoch und nicht so steil. Auf tiefem Wasser kann das Schiff das schwere Wetter besser abwettern. Im Skagerrak haben wir manchmal auf 18 Meter Wassertiefe gefischt. Wenn der Wind Bft. 8 oder 9 erreichte, musstest du zusehen, dass du mit deinem Kutter auf tieferes Wasser kamst. Dort hat uns Rasmus oft ordentlich einen eingeschenkt. Ich hatte insofern Glück, weil mein 26,5 Meter langer Kutter, mit dem ich später von Saßnitz aus gefahren bin, besser als ein Logger mit diesem Wetter klarkam. Die Logger fuhren immer in die See. Dann musste man wieder aufstoppen, damit das Wasser ablief. Später hat man die Logger in der Werft umgebaut und sie mit einer Back versehen. Mit den Loggern bist du oft genug zurückgetrieben. Du kamst wieder dahin, wo du hergekommen warst.*

Bei der über Jahrhunderte verlaufenen Entwicklung der Schiffe ist es nicht verwunderlich, dass einige von ihnen sehr schnell als Missgeburt betrachtet wurden. Eine Idee, die die Natur ganz unzeremoniell zur ***Makulatur*** werden ließ, war die des unsinkbaren Schiffes. Das viktorianische Zeitalter näherte sich seinem Ende. Damals glaubten aber die herrschenden Eliten, ihren glorreichen Weg erfolgreich fortsetzen zu können. Ausdruck fand dies auch in immer schnelleren, größeren und luxuriöseren Schiffen, die unsinkbar sein sollten. Leise Zweifel kamen daran schon auf, als die REPUBLIC am 24. Januar 1909 vor der Insel Nantucket an der US-Ostküste nach einer Kollision mit dem italienischen Passagierschiff FLORIDA sank. Der White Star Liner war einmal das größte und schnellste Schiff auf dem Atlantik gewesen. Im Mai 1907 gab Edward John Smith, der spätere Führer der TITANIC, als Kapitän der ADRIATIC New Yorker Journalisten ein Interview. Währenddessen sagte er u. a.: *... ein absolutes*

Desaster, das die Passagiere mit einbeziehen würde, ist unvorstellbar. Was auch immer passiert, es wird, bevor das Schiff sinkt, genug Zeit sein, um das Leben jeder einzelnen Person an Bord zu retten. Ich will noch etwas weiter gehen. Ich kann mir keine Umstände vorstellen, in denen das Schiff sinken könnte. Der moderne Schiffbau ist darüber hinaus. Es wird größere Schiffe geben. Im Moment scheint die Wassertiefe in den Häfen das größte Hindernis zu sein. Ich kann nicht sagen, wo die Grenze sein wird, aber größere Schiffe werden kommen ...

Bei dem späteren Untergang der TITANIC handelte es sich nicht einfach um den Verlust des gerade größten Schiffes mit vielen Menschen. Es repräsentierte den Geist seiner Zeit, wie es nie wieder ein Schiff getan hat. Der Verlust dieses Schiffes traf die viktorianische Zeit ins Mark. Mit Smith und der TITANIC versank nicht nur die Idee des unsinkbaren Schiffes im Atlantik. Die schwedischen Seeleute prägten für Projekte dieser Größenordnung den Spruch: ***Kleine Boote schwimmen, während große Schiffe am Grunde sitzen bleiben***.

In früheren Jahrhunderten ***unterschieden sich die Schiffe wie Tag und Nacht***. Koggen, Dschunken und Dauen konnte man nicht verwechseln. Auch als die Dampfer und Motorschiffe ihren Siegeszug antraten, blieben zwischen den Schiffen enorme Unterschiede bestehen. Ein erfahrener Seemann konnte bei den meisten Schiffen erkennen, auf welcher Werft sie für welche Reederei gebaut worden waren. Die Schiffe von Reedereien wie Blue Funnel, British India, der DDG „Hansa" („Felsdampfer"), Wilh. Wilhelmsen, KPM (Indonesien), Straits Steamships (Südostasien) oder die nach dem Zweiten Weltkrieg in Polen und die in der DDR von der Warnowwerft in Warnemünde oder Neptun Werft Rostock gebauten Schiffe waren unverwechselbar. Diese Zeit ist vorbei. Ein großer Teil der Werften, die diese Schiffe bauten, existiert nicht mehr. Auch viele der früheren Auftraggeber sind von den sieben Weltmeeren verschwunden. Dazu zählen, bis auf Wilh. Wilhelmsen, alle von mir genannten Unternehmen. Ob das Schiff heute in China, Südkorea oder einer anderen Werft gebaut wurde, ist nicht mehr zu erkennen. Reeder waren in vielen Fällen auch Schiffsliebhaber. Sie waren stolz auf ihre Schiffe, so wie John Willis mit seiner CUTTY SARK oder die Reeder Laeisz mit ihren Schiffen. Heute könnten sie sich auch *keine Extrawurst mehr braten*. Heute gibt es nur noch Schiffe *von der Stange*.

Die Größe eines Schiffes spielte zu allen Zeiten eine große Rolle. Größe garantierte oft – nicht immer – eine verbesserte Wirtschaftlichkeit. Nicht alle Schiffe verursachten Begeisterungsstürme, weder bei den Auftraggebern noch bei den Seeleuten. Bei manchen ging es aufgrund besonderer Zeiten oder einer speziellen Situation nur darum, dass sie ihre Aufgabe möglichst gut erfüllten. Zu diesen Schiffen gehörten viele Typen, die im Zweiten Weltkrieg gebaut wurden. Das Urteil von Fachleuten über die in den USA gebauten Liberty-Schiffe und T-2-Tanker lautete: *Schiffe gebaut nach der Meile und abgehackt von der Werft*. Im Februar 1941 hatte Präsident Roosevelt das Notbauprogramm im Rundfunk verkündet, das den Bau von 200 Schiffen vorsah. Er bezeichnete diese Schiffe als *furchtbar aussehende Objekte*. Sie erfüllten ohne jeden Zweifel den Zweck, für den sie gebaut worden waren. Bei der Initiierung dieses Programms war nicht vorgesehen, dass sie nach dem Krieg noch jahrelang eingesetzt werden sollten. Das geschah aber und führte dazu, dass sie durchbrachen, im Sturm untergingen oder strandeten und viele Seeleute das Leben kostete. Einer der „Liberties", die ARCHON GABRIEL, fand nach der Strandung auf der Greifswalder Oie am 8. Januar 1958 und der anschließenden Bergung durch Rostocker Schlepper seinen Weg als ERNST MORITZ ARNDT in die Flotte der Deutschen Seereederei Rostock. Die Kriegsbauten waren Ausnahmen in einer Zeit, in der Frachter, wie es der Schiffbauer Stig Bystedt im Seatrade Review (August 1996) sagte, wahrlich schön, ästhetisch schön selbst auf Kosten der wirtschaftlichen Funktionalität gebaut wurden. Das hat sich völlig geändert. Heute werden Back und Heck nach den Bedürfnissen des Containers und nicht für die Formschönheit oder Seetüchtigkeit eines Schiffes gebaut. Also dürfen sich die Seeleute mit Schiffen herumschlagen, die, wie die SVENDBORG MAERSK im Februar 2014 in der Biskaya, ganz schnell einmal 517 Container verlieren.

Das Liberty-Schiff ERNST MORITZ ARNDT (ex ARCHON GABRIEL) unter DSR-Farben

Solche Beispiele beweisen einmal mehr, dass die Briten mit dem folgenden Spruch recht haben: ***Lobe nicht ein Schiff, das noch auf dem Helgen liegt.*** Diesen Seemannsspruch kann man ohne Probleme auf die Schiffsform anwenden. Die Form von Bug und Heck hat einen entscheidenden Einfluss auf das Seegangsverhalten und die Manövrierfähigkeit des Schiffes. Nur sehr erfahrene Seeleute dürften in der Lage sein, Probleme in dem einen oder anderen Bereich während des Baus des Schiffes vorherzusehen. Wenn die Nachteile der Schiffsform im Alltag deutlich wurden, hatten die Seeleute sehr schnell diesen Umstand deutlich machende Begriffe und Namen für ihre schwimmenden Untersätze. Die Mecklenburger verwendeten Namen wie „Backtrog", „Büffel", „Brummküsel" sowie „Dwars-" und „Farkendriewer". Gefährlich wurde schlechtes Manövrieren eines Seglers, wenn das Schiff schlecht steuerte. Das konnte vor allem beim Einlaufen dazu führen, dass der Segler auf Grund oder auf die Mole lief.

Einige Segler blieben durch derartige Seeunfälle, wie sie die Rostocker Bark SCHNELLE 1884 beim Einlaufen in Warnemünde hatte, lange in der Erinnerung der Seeleute. Sie strandete dadurch einmal vor der Mole und einmal hinter der Westmole. Die Brigg AUGUSTE lief aus dem Ruder und beschädigte am Ufer vertäute Boote. Jahre später kam sie als SLIWO wieder nach Rostock und lief beim Einlaufen, bevor sie die Molen passiert hatte, auf Grund.

Die Rostocker Segler sind ein Beispiel für die Richtigkeit der folgenden Worte von Rudyard Kipling: *Niemand hat mir bis jetzt erzählt, dass das Meer aufgehört hat, das Meer zu sein.* Die SVENDBORG MAERSK beweist, dass sie selbst auf die größten und modernsten Containerschiffe zutreffen.

In den Jahrzehnten meiner Seefahrt habe ich viele Schiffe gesehen, die heruntergewirtschaftet waren, die nicht nur äußerlich Rosteimer waren, sondern auf denen auch für die Sicherheit der Besatzung, des Schiffes und der Ladung lebenswichtige Anlagen nicht mehr funktionierten.

Wer, wenn nicht die französischen Seeleute, konnte den folgenden Spruch formulieren: *An Schiff und Frau ist immer etwas auszubessern.*

Die Franzosen gehen davon aus, dass man sich kümmert. Wenn Schiffe langsam, aber sicher „vergammelten", tat es besonders weh, wenn man dies bei Schiffen beobachtete, auf denen man in ihren guten Zeiten gefahren war. Die ROSTOCK habe ich einmal von Stettin nach Rostock geführt, weil der sich an Bord befindende Springerkapitän Hannes Fünning dies nicht durfte. Nach ihrem Verkauf durch die DSR sah ich die ROSTOCK als PAULINE METZ auf der Reede von Larnaca wieder. Ich fotografierte sie, als wir im Frühjahr 1993 mit der THÜRINGEN auf dem Weg nach Fernost den zyprischen Hafen verließen. Die Aufbauten und die Außenhaut bestanden fast nur noch aus Rost. Die Reederei Metz war für den schlechten Zustand ihrer Schiffe, nicht nur äußerlich, im Mittelmeer bekannt. 1998, als ich schon bei Alpha Ship in Bremen war, lief ich mit der KOTA PERABU (ex TAURUS) in Hodeidah ein. Dort trafen wir auf die SHADWAN ISLAND (ex CHEMNITZ/KARL-MARX-STADT). Ich ging an Bord, um sie mir anzusehen. Lange hielt ich es bei den Ägyptern nicht aus. Auf der Brücke funktionierten die Radargeräte und andere für die sichere Führung des Schiffes nötigen Anlagen nicht mehr. Alle Räume waren dreckig. Der Salon des Kapitäns war davon nicht ausgenommen. Den mir von den Offizieren angebotenen Kaffee lehnte ich dankend ab.

Die SHADWAN ISLAND (ex CHEMNITZ, ex KARL-MARX-STADT) 1999 in Hodeidah, Jemen

Für die beiden ehemaligen Rostocker Frachter traf der Spruch ***Schön ist die Jugendzeit*** in vollem Umfang zu. Sie hatten bei der DSR eine Zeit erlebt, in der sich Reederei und Besatzung intensiv um sie kümmerten. Die Farben waren leider nicht immer die besten, aber die Besatzungen versuchten dies durch hohen Einsatz wettzumachen. Auch bei anderen Reedereien hatten die Neubauten in den ersten Jahren ihrer Existenz meistens ihre beste Zeit.

Die Geschwindigkeit eines Schiffes war für den ökonomischen Erfolg des Unternehmens und das Prestige des Kapitäns und des Reeders von enormer Bedeutung. Es ging aber auch anders. Fred Schmidt berichtete in seinem Buch „Schiffe und Schicksale“ über die folgende sehr amüsante

Geschichte eines „Rennens“ zweier Schiffe, bei dem die Kapitäne ***Eile mit Weile*** walten ließen. Recht gemütlich entwickelte sich das „Wettsegeln“ zwischen den beiden Liverpooler Schiffen LORTON und COCKERTON, die die Mündung des Mersey zu einer Reise nach Portland in Oregon gemeinsam verließen. Sie lagen im Atlantik 40 Tage Seite an Seite. An einem Sonntag speiste der Kapitän der COCKERTON mit seiner Gattin auf freundliche Einladung des Kapitäns der LORTON an Bord des „Rivalen“. Und am folgenden Sonntag revanchierte er sich gebührend und bewirtete das „feindliche“ Kapitänspaar in seinem Salon. Innerhalb von 24 Stunden trafen sie am Bestimmungshafen ein. Einträglich verließen sie auch wieder Astoria Reede, und mit nur drei Tagen Vorsprung warf die LORTON in Le Havre Anker, ehe die COCKERTON in Dünkirchen ankam. Am gleichen Tag gingen sie aus ihren Löschhäfen ab, um Seite an Seite in den Mersey einzulaufen. 342 Tage waren sie über eine Strecke von mehr als 30 000 Seemeilen fast ohne Unterbrechung zusammen gesegelt.
Die Seefahrt hat bis in unsere Gegenwart viel mit Einsamkeit zu tun. Die beiden britischen Kapitäne und ihre Damen gingen sehr einfallsreich mit diesem Problem um. Wenn ihre Schiffe damals schon eine Maschine gehabt hätten, hätten sie das von den Briten so geliebte „socialize“, mit jemandem gesellschaftlich zu verkehren, nicht wahrnehmen können.
Etwas zu den Schiffen zu schreiben und die Maschine nicht zu erwähnen, geht gar nicht. Die Dampfmaschine und der Dieselmotor haben die Schifffahrt grundlegend verändert. Nicht immer gewährleistete das Vorhandensein einer Maschine, dass das Schiff den sicheren Hafen erreichte. Der 1893 gebaute Dampfschoner ROSINA von 182 BRT ***erlitt***, ungeachtet seiner Dampfmaschine von 35 PS, ***Schiffbruch***. Die HANSA berichtete 1903 in ihrer Nummer 3 über den Spruch des Seeamtes. Es kam zu der Auffassung, dass das Schiff 1902 auf der Reise von Frederiksstad nach Sunderland gesunken sei, weil es sehr rank war und dadurch kaum Segel führen konnte, weil die Ladung nicht gut verteilt war, weil die durch das Maschinenschott geführten Leitungen nicht wasserdicht gemacht worden waren, sodass Wasser aus dem Laderaum in den Maschinenraum strömte und die Pumpe aufhörte zu arbeiten, und weil die Antriebsmaschine für die Größe des Schiffes zu schwach war.

Die Viermastbark SEDOV (ex KOMMODORE JOHNSEN; ex MAGDALENE VINNEN) in der Warnowmündung

Ohne Schiffe würde es unsere heutige Welt nicht geben. Der kümmerliche Handel würde mit Kamelen über die Seidenstraße abgewickelt werden und die Welt deshalb um ein Vielfaches ärmer sein. Das letzte Wort zum Schiff soll Joseph Conrad haben. In seinen Werken werden immer wieder die tiefen Widersprüche, die Achtung, aber auch die Liebe zwischen dem Seemann und dem Schiff sowie dem Wetter deutlich. In „Spiegel der See“ schrieb er: *Mit Menschen umzugehen ist eine ebenso große Kunst wie die, Schiffe zu führen. Beide, Menschen wie Schiffe, werden gleichermaßen von listenreichen und mächtigen Kräften bedrängt und wollen eher ihre Vorzüge verstanden als ihre Fehler erkannt wissen.*

Um ein Schiff sicher und effizient zu führen, müssen Kapitän und Besatzung die für die Erfüllung dieser Aufgaben erforderlichen Regeln guter Seemannschaft beherrschen. Um das Wort „Seemannschaft“ zu erklären, greife ich immer wieder auf die Definition aus dem „Oxford Companion to Ships and the Sea“, Oxford von 1976 zurück. Sie lautet: *Seemannschaft, im weitesten Sinne, ist die Kunst, ein Schiff von einem Platz nach einem anderen über See zu bringen, ist eine Mischung aller Künste, ein Schiff zu entwerfen ... es auf See und im Hafen zu führen und zu manövrieren und ist die Wissenschaft der Navigation, durch die es seinen Weg vom Abgangsort zum Bestimmungsort findet.* Die Seemannschaft vieler Seeleute wird leider nicht sehr hoch eingeschätzt. So fragte 2001 die britische Fachzeitschrift „Safety at Sea“: *Verließen uns mit der Arche die guten Traditionen der Seemannschaft?* Dabei sei noch auf einen besonderen Punkt hingewiesen.

„Seemannschaft“, die Unfälle beim Betreten eines Feederschiffes geradezu herausfordert

Im Zusammenhang mit dem Untergang des ehemaligen DSR-Lehr- und Ausbildungsschiffes GEORG BÜCHNER in der Danziger Bucht sprach ein Rostocker Schifffahrtsexperte davon, dass einer der Gründe für den Untergang des Schiffes mangelnde Seemannschaft gewesen wäre. Nun müssen sich auf einem zu verschleppenden *toten* Schiff durchaus keine Seeleute befinden, und dort, wo keine Seeleute sind, kann es beim besten Willen auch keine Seemannschaft geben. Welch grausame Auswirkungen das Fehlen des unbedingt erforderlichen seemännischen Könnens hat, bewies die Kollision des Hamburger Vollschiffes MARGRETHA mit dem norwegischen Dampfer MASCOT am 13. März 1909. Das Seeamt Hamburg schrieb in seinem Spruch: „Nach der Kollision haben die neun Seeleute der ‚Margretha', welche sich in das Steuerbordrettungsboot begeben hatten, einen hohen Grad von Kopflosigkeit und Mangel an seemännischen Eigenschaften gezeigt, indem sie es versäumt haben, den an Bord Zurückgebliebenen und später mit dem Schiff Untergegangenen, insbesondere der Frau und dem Kind des Kapitäns, nach Möglichkeit Hilfe zu bringen ... Inzwischen eilte der Kapitän mit seinem Kinde wieder an die Reling und bat nochmals die Leute in dem nahen Boot, doch wenigstens sein Kind zu retten. Die in dem Boot befindlichen neun Leute haben dann auch nach ihrer nicht widerlegten eidlichen Aussage den ernstlichen Willen gehabt, an die Schiffsseite heran zu manövrieren, um das Kind aufzunehmen, haben auch gerufen: ‚Wir kommen!' Es gelang ihnen aber nicht, das Boot an das Schiff heranzubringen, da sie in ihrer Kopflosigkeit auf der einen Seite mit drei, auf der anderen mit einem Riemen ruderten und niemand mit einem der noch vorhandenen Riemen steuerte. Das Boot drehte sich daher im Kreise und es verging kostbare Zeit, während welcher die ‚Margretha' sich so mit Wasser füllte, dass ihr Sinken und Kentern jeden Augenblick bevorstand. Schließlich gaben die Bootsleute ihre Versuche, an das Schiff zurückzurudern, auf und flüchteten, um nicht in den Sog des sinkenden Schiffes hineingezogen zu werden ... Vollends unbegreiflich erscheint aber das Verhalten dieser neun Leute, nachdem die ‚Margretha' untergesunken war. Trotzdem sie wussten, dass acht Menschen an Deck gewesen waren, welche jetzt im Wasser um ihr Leben rangen, haben sie ihr

Boot, wie sie zugeben, einen Augenblick treiben lassen und sind dann, da sie keine Hilferufe hörten, fortgerudert.“

Bei der Hamburger Bark APOLLO befand sich die Seemannschaft, vor allem die Schiffsführung, auf keinem höheren Niveau. Der Kapitän wurde von der Reederei völlig zu Recht zum Ersten Offizier degradiert. Vielleicht ist ihm in einer ruhigen Minute der Spruch unserer Vorfahren ***En Schipp oewer See to bringen, dor hüürt väl to*** eingefallen. Seine Seemannschaft reichte jedenfalls dafür nicht aus. Die erst acht Jahre alte Bark brachte auf einer außerordentlich langen Reise von 192 Tagen Kohle von Sunderland nach Valparaiso. Am 19. Dezember 1885 versegelte sie nach Tonala am Golf von Tehuantepec. Unterwegs übernahm sie in Callao noch 300 t Steine als Ballast, die weder durch Längs- noch durch Querschotten gesichert waren. So etwas konnte nur ein außerordentlicher Dummkopf oder ein Lebensmüder machen. 260 sm vor dem Bestimmungsort warf der Erste Offizier eigenmächtig Ballast aus der sich an Backbord befindenden Ballastpforte. Wenn es dunkel wurde, schloss der Erste sie, dichtete sie aber nicht ab. Dadurch drang Wasser ein und der Ballast ging über. Erst nach drei Wochen wurde die Pforte wieder abgedichtet. Am 13. Januar hatte man sich bis auf 80 sm Tonala genähert, wurde aber durch flaue Winde abgetrieben. Am 25. Januar sichtete man zum ersten Mal die Küste und am 30. hatte man sich bis auf sechs Seemeilen dem Ziel genähert. Der Wind frischte auf und am 4. Februar waren es sieben bis acht Seemeilen bis Tonala. Am nächsten Tag hatte man sich dem Land so weit genähert, dass das Schiff mit einem Boot davon wegbugsiert werden musste. Am 7. Februar stürmte es, der Ballast löste sich. Das Schiff wurde vor den Wind gebracht und war am 8. Februar über 260 sm vom Ziel entfernt. Als sich Sturm und See legten, wollte man Acapulco zur Reparatur anlaufen. Nachdem der Kurs für kurze Zeit geändert worden war, wollte der Kapitän auf einmal Guayaquil ansteuern. Er wollte wohl unbedingt Napoleons Spruch ***Das Schlimmste in allen Dingen ist die Unentschlossenheit*** bestätigen. Mit NO-Wind segelte man nun nach Süden. Es setzte der S-Passat ein und der Kapitän segelte mit ihm bis zum 22. Februar nach Südwest. Dann entdeckte die Besatzung, dass die Wassertanks leck gesprungen waren. Da sie befürchtete, dass das Wasser knapp werden könnte, wurde der Kurs nach Hawaii abgesetzt, wo man am 24. März in Honolulu einlief. Die Besatzung hatte die Nase endgültig voll und verweigerte die Weiterreise. Das wurde damals als Meuterei eingestuft, woraufhin der Konsul die gesamte Mannschaft ins Gefängnis brachte. Die Mannschaft begründete ihre Haltung damit, dass der Schiffer Groth nachts nicht an Deck gewesen wäre, der Erste häufig auf seiner Wache geschlafen hätte usw. Irgendwann kamen die „Lords" wieder aus dem Gefängnis, was einige nutzten, um zu desertieren. Ein amerikanischer Kapitän brachte das Schiff nach San Francisco, wo es ein neuer, von Hamburg geschickter Kapitän übernahm. Der vorherige „Alte" blieb als Erster Offizier an Bord und der vorherige Erste wurde gefeuert. Nicht umsonst hatte Harry Morton in seinem Buch „The Wind Commands" geschrieben: *Genaue Navigation war für den Tiefwasser-Seemann auf allen Ozeanen wichtig. Aber auf dem Pazifik war sie durch seine Größe, die selbst die Breite des Atlantik unbedeutend erscheinen lässt, lebenswichtig.* Aber selbst auf dem weniger großen Atlantik konnten die Seeleute böse Überraschungen erleben. 1957 berichteten die Schifffahrtszeitungen „De Zee" und „Hansa" über einen ungewöhnlichen Seeunfall. Im Februar 1956 strandete ein neuer Tanker rund 200 sm von seinem Loggeort. Hätte sich die Besatzung an den Spruch ***Der Pessimismus der Überlegung ist die Vorbedingung zum Optimismus der Tat*** gehalten, wäre ihr zweifellos in den Sinn gekommen, dass ein Kompass versagen kann. Dagegen hilft immer die optimistische Tat der Kompasskontrolle, die der Kapitän angewiesen, die aber nicht einer seiner drei Wachoffiziere durchgeführt hatte. Anscheinend kannte der Kapitän auch Lenin nicht, von dem der folgende Spruch stammen soll: ***Vertrauen ist gut, Kontrolle ist besser***. Die unterlassene Kontrolle dürfte der Kapitän bereut haben. Das Schiff verließ den Delaware River und begab sich auf die Reise nach Südamerika. Gegen Mittag wurde letztmalig ein Schiffsort festgestellt und das Schiff auf den Kurs von 118 Grad eingesteuert. Zehn Minuten später gab es in der Übertragung der Signale vom Mutter- auf die Töchterkompasse eine unbemerkt gebliebene Unterbrechung. Nach einer Viertelstunde setzte die Übertragung, ebenfalls unbemerkt, wieder ein. Der Rudergänger hatte zwar mit Verwunderung bemerkt, dass das Schiff die ganze Zeit eisern auf dem Kurs von 118° lag, dies aber nicht seinem

Wachoffizier gemeldet. In der Viertelstunde änderte sich der Kurs des Schiffes um 111°. Die Kreiseltochter am Ruder nahm ihren Dienst mit 118° wieder auf, steuerte aber in Wirklichkeit 7°. Dieser Kurs führte sie direkt auf Fire Island, das der Insel Long Island bei New York vorgelagert ist. Am Tage hatte man durch das verhangene Wetter, das die Sonne verdeckte, die Kursänderung nicht bemerkt. In der Nacht müssen die Wachen tief und fest geschlafen haben, denn es wurde nicht vermeldet, dass die US-Küste an dieser Stelle abgedunkelt gewesen wäre. Um 1.50 Uhr in der Nacht kam dann das große Erwachen und beendete alle Träume vom schönen Südamerika.

Die Beachtung des lateinischen Seemannsspruches

Glücklich, wen fremde
Gefahren vorsichtig machen

hätte viele Seeunfälle sowohl früher als auch heute verhindern können. Außerdem haben die Seeleute nicht umsonst über Jahrhunderte das Wetter beobachtet und ihre Beobachtungen den mit Wind, Wetter und Strom beschäftigten Instituten, wie der Deutschen Seewarte von 1875 bis 1945, zugeschickt, damit diese sie verallgemeinern und den Seeleuten in Segelanweisungen und Monatskarten zur Verfügung stellten. Diese Daten, neben den aktuellen Wetterberichten, sind wichtige Grundlagen für die Reisevorbereitung einschließlich des zu wählenden Kurses. Das galt auch für das 2001 in Hamburg von Blohm & Voss gebaute Kreuzfahrtschiff EXPLORER, das gelegentlich schon Warnemünde angelaufen hat. Es befand sich im Januar 2005 auf der Reise von Vancouver nach Hakodate auf dem Nordpazifik. Am 23. Januar hatte die EXPLORER bei Bft. 8 schon leichte Seeschlagschäden erlitten. In der Nacht vom 26. zum 27. des Monats geriet es mit 681 Studenten, 113 zum Lehrbetrieb gehörenden Personen und 196 Besatzungsmitgliedern südlich der Aleuteninsel Adak in sehr schweres Wetter (Bft. 9–10). Mehrfach kam es zu kleineren Schäden. Um sie zu beseitigen und um die Lage des Schiffes zu verbessern, wurde der Kurs zeitweise von 285° auf 30° und auf 80° geändert. Nachdem der Kurs am frühen Morgen auf 240° geändert worden war, wurde das Schiff durch zwei Wellen von etwa 16 m Höhe getroffen.

Die EXPLORER in Warnemünde

Vergleich der Höhe der Brücke zwischen der EXPLORER und der QUEEN VICTORIA

Sie schlugen die Fenster der Brücke ein und fluteten die Schiffsführungszentrale, als das Schiff mit 7 Knoten gegen die See anging. Durch das eingedrungene Wasser kam es zu einem Kurzschluss und einem zeitweiligen Ausfall der Maschinen. Der Kapitän ließ den Notruf „Mayday“ senden und löste den Generalalarm aus. Alle Personen an Bord versammelten sich mit ihren Rettungswesten an den Bootsstationen. Mit Hilfe von Reserveanlagen konnte das Schiff seine Reise wieder aufnehmen, den Kurs ändern und mit 14 kn in Richtung Hawaii laufen. Die Untersuchung des Seeunfalls erinnerte daran, dass das Schiff für das Mittelmeer und nicht für Winterreisen auf dem Nordatlantik oder Nordpazifik gebaut worden war. Der Kapitän des Schiffes, das eher an eine Jacht als an ein für schweres Wetter gebautes Passagierschiff erinnert, hatte einen für die Jahreszeit zu nördlichen Kurs gewählt. Seine miserable Reisevorbereitung führte das Schiff in das Gebiet mit den durchschnittlich höchsten Wellen auf den Nordpazifik. Das hätte er, wenn er die amerikanische Pilot-Chart für den Nordpazifik studiert hätte, erkennen können und erkennen müssen. Der chinesische Philosoph Laotse hat nicht umsonst gesagt: ***Verantwortlich ist man nicht nur für das, was man tut, sondern auch für das, was man nicht tut.*** Das gilt ganz besonders für die Reisevorbereitung. Heute wird diese Aufgabe meistens dem Zweiten Offizier übertragen. Der Kapitän soll dann den in die Seekarte (Papier oder elektronisch) eingetragenen Kurs kontrollieren und sanktionieren. Solange mir die Rotation des Schiffes genug Zeit für diese Aufgabe gewährte, habe ich sie immer selbst erledigt. Das deshalb, weil dies einerseits eine wichtige Aufgabe ist und sie mir andererseits Spaß gemacht hat.

Dies hat der Kapitän der RENA, die der griechischen Reederei Costamare gehörte und 1990 als ZIM AMERICA in Kiel gebaut worden war, offensichtlich anders gesehen. Das Containerschiff, das 236 m lang war und 3351 TEU befördern konnte, befand sich am 5. Oktober 2011 auf der Reise von Napier nach Tauranga in Neuseeland, als es um 2.20 Uhr in der Bay of Plenty auf das Astrolabe Riff lief. Die Untersuchung der zuständigen neuseeländischen Behörde ergab, dass der ursprüngliche Reiseplan durchaus den üblichen Anforderungen entsprach. Aber schon bei der Verseglung um die Mahia-Halbinsel wurde deutlich, dass Kapitän und Wachoffizier den Sinn einer seemännisch fundierten Reiseplanung nicht verstanden hatten. Der Plan wurde zur Wegeinsparung („Eckenschneiden") verändert und zu keinem Zeitpunkt wurde der festgelegte Kurs eingehalten.

Die 1991 in Kiel gebaute ZIM KOREA ist eins von sechs Schwesterschiffen der ZIM AMERICA

Darüber hinaus übertrug der Kapitän dem Zweiten Aufgaben, für die er selbst zuständig war. Der Kurs des Schiffes wurde vom Zweiten nach einem Telefongespräch mit dem Kapitän in Richtung Astrolabe Riff zur Einsparung der zu laufenden Distanz geändert. Diese Veränderungen widersprechen den Regeln guter Seemannschaft. Einen solchen Gedanken hätte der Kapitän mit allem Für und Wider selbst anhand der Karte kontrollieren müssen. Das Ergebnis dieser nicht seemännischen Arbeitsweise war der Totalverlust des Schiffes, eine beachtliche Umweltverschmutzung und eine sehr teure Beseitigung von Teilen des Wracks.
Eine der schönsten Definitionen in der Seefahrt ist die folgende aus dem Fachbuch „The American Practical Navigator" (Ausgabe 1995): *Die Navigation eines Schiffes verbindet Wissenschaft und Kunst. Ein guter Navigator sammelt Informationen von jeder zur Verfügung stehenden Quelle, wertet diese Information aus, ermittelt einen Schiffsort und vergleicht diesen Schiffsort mit der vorher durch Koppeln*

bestimmten Position. Ein Navigator bewertet ständig die Position des Schiffes, erkennt mögliche gefährliche Situationen, bevor sie entstehen und ist mit seinen Überlegungen immer der jeweiligen Situation voraus. Der moderne Navigator muss die Grundkonzepte der vielen heutigen Navigationssysteme verstehen, ermittelt ihre Genauigkeit und kommt so zu den bestmöglichen Entscheidungen für die Führung des Schiffes.

Diese Definition gab es zur Zeit eines alten Kapitäns, der mit seinem Segler aus Geordie (Umgebung von Newcastle upon Tyne) Kohle in der Küstenfahrt transportierte, noch nicht. Wenn es sie gegeben hätte, würde er sie wahrscheinlich nicht beachtet haben. Bei dickem Wetter wurde der Kohlefrachter auf die Nordsee hinausgetrieben. Der Schipper wandte sich an seinen Steuermann, wo denn die Seekarte wäre, denn ihm sei so, als hätten sie eine an Bord. Nach einigem Suchen fanden sie die Karte fein säuberlich aufgerollt unter dem Staub der Jahrzehnte. Der Kapitän rollte sie auf, sah aufmerksam hinein und rammte seinen rechten Daumen auf die Karte. „Wi sünd ungefähr hier", sagte er. „Möönsch", sagte der Steuermann, „lot mal sehn." Der Alte lüftete seinen Daumen und beide starrten voller Schrecken auf die Karte. Genau dort, wo der Daumen gewesen war, befand sich ein schwarzer Fleck. Schließlich sagte der Schiffsführer: „Is dat Fleegendreck, denn sünd wi richtig. Aber wenn nich ...! Klar zum Halsen!" Zumindest hat der Küstenschiffer anscheinend gewusst, wo er hinwollte.

1973 hatte mein Flottenbereich entweder keinen Kapitän oder niemand wollte dieses riskante Unternehmen übernehmen. Die JOHN SCHEHR sollte von Rostock nach Wismar in die Werft versegeln. Das sind unattraktive Aufgaben mit einem hohen Risikofaktor, weil auf den in die Werft bestimmten Schiffen in der Regel zahlreiche Anlagen nicht oder nur eingeschränkt funktionieren. So war es auch auf diesem Typ-X-Schiff. Der Kompass funktionierte noch, aber mit dem Radar konnte man kein Ziel peilen. Nur der bewegliche Entfernungsring ermöglichte mir im dichten Nebel, die Abstände zur Küste festzustellen. Mit ihrer Hilfe navigierte ich das Schiff und brachte es, ohne Schiffbruch zu erleiden, nach Wismar. Die Amerikaner sprechen von jeder zur Verfügung stehenden Quelle. Ich hatte nur eine, aber sie ermöglichte mir, die Position meines Schiffes festzustellen und den notwendigen Kurs anzuweisen.

Die JOHN SCHEHR vom Typ X auf der Elbe

Auf diese Weise konnte ich den Spruch von Laotse ***Nur wer sein Ziel kennt, findet den Weg*** befolgen. Mit dem richtigen Weg haben doch eine ganze Reihe von Kapitänen Probleme gehabt, weil sie nicht die richtigen Seekarten an Bord hatten. In der letzten Verhandlung eines Seeamtes, an der ich als Beisitzer teilgenommen habe, ging es um die Grundberührung des 999 RT großen Küstenmotorschiffes RUTHENSAND. Das Schiff kam mit einer Ladung Splitt von Abenrade nach Sassnitz-Mukran. Dem Kapitän war es nicht gelungen, sich eine Seekarte zu besorgen. Vom Schiffsmakler in Stralsund erhielt er einen Fax-Abzug von der Seekarte, mit dem er dann versuchte, seinen Liegeplatz in Mukran anzusteuern. Das klappte nicht. Die Reparatur des Bodenschadens, den er sich am 13. Juni 1992 auf den Steinen vor Mukran zuzog und der in der Volkswerft Stralsund repariert wurde, kostete über 100 000 DM.
Bei dem Kühlschiff CAP TRIUNFO war das Suchen des Weges noch ein bisschen komplizierter. Im August 2001 lud das Schiff in Südamerika Bananen für Italien. Auf der Reise erhielt der Kapitän die Order, die Bananen nach St. Petersburg zu bringen. Das akzeptierte er, wenn er auch die

dafür nötigen Seekarten nicht an Bord hatte. Er bestellte sie für Skagen, wo er sie nicht bekam. Die für den Öresund bekam er rechtzeitig, die für das schwierige Seegebiet Golf von Finnland aber nicht.

Einfahrt in den Hafen Sassnitz-Mukran

Er tat das, was er nicht durfte: Er setzte die Reise fort und befahl dem Zweiten Offizier, provisorische Karten zu zeichnen. Der versuchte dies mit Hilfe des Katalogs der Seekarten der Britischen Admiralität. Wie schon bei dem später zu beschreibenden Seeunfall der Rostocker KÄTHE NIEDERKIRCHNER ging das schief. Am 5. September 2001 lief der „Bananendampfer" auf Grund. Die Bergung des Schiffes und die Reparatur kosteten eine Million US-Dollar. Die Unsitte, ohne die erforderlichen Seekarten zur See zu fahren, stirbt einfach nicht aus.
Das galt auch für den Kapitän eines Frachters, der nach Stralsund wollte. Die Online-Ausgabe der Deutschen Schiffahrts-Zeitung THB meldete am 6. Juni 2012:

Frachter-Kapitän fuhr auf Sicht nach Stralsund - 06.06.12

Samstag, 02. Juni 2012

Lediglich auf Sicht und ohne Seekarte hat der Kapitän eines Frachtschiffes den Hafen von Stralsund angesteuert. Wie die Wasserschutzpolizei mitteilte, stellten Angehörige der Behörde am Vortag bei einer Kontrolle fest, dass der unter der Flagge von Gibraltar fahrende Frachter keine Seekarten für den Bereich Rügen-Stralsund an Bord hatte. Dem Kapitän sei daraufhin mitgeteilt worden, dass er den Hafen erst verlassen dürfe, wenn er sich mit aktuellem Kartenmaterial eingedeckt habe.

Gelegentlich war jedoch nicht das Fehlen einer Seekarte schuld an der Orientierungslosigkeit des Kapitäns. Am 15. Juli 1982 berichtete das britische Schifffahrtsmagazin FAIRPLAY, dass eines Kapitäns Orientierungslosigkeit fast eine Meuterei ausgelöst hätte, als er sich mit seinem Schiff auf der Reise von Le Havre nach Großbritannien befand. Die Besatzung war außer sich, weshalb die Behörden eingreifen mussten. Die Besatzung wurde befragt. Es gab eine ganze Reihe unterschiedlicher Antworten, aber alle waren sich darin einig, dass das Schiff nach Portsmouth bestimmt war. Nur der Kapitän war anderer Meinung. Er sagte, dass er den Kurs nach Plymouth in die Karte eingetragen hätte. Als man ihm sagte, dass die Besatzung der Meinung war, dass das Schiff für Portsmouth bestimmt sei, antwortete er: „Oh ja, ich verwechsle immer die beiden.“

Auch bei dem folgenden Beispiel hielt sich der Schiffsführer nicht an den von den Amerikanern aufgeführten Grundsatz: ***Ein guter Navigator sammelt Informationen von jeder zur Verfügung stehenden Quelle.*** Dieser Grundsatz ist schon lange Bestandteil einer nach den Regeln guter Seemannschaft durchgeführten Navigation. Wir können davon ausgehen, dass ihn der Kapitän des Schoners ANNA LOUISE aus Barth kannte. Am 22. April 1881 hatte der Schoner Stralsund verlassen und begab sich auf die Reise nach Kiel. Am 1. Mai bekam man Darßer Ort in einem Abstand von vier Seemeilen in Sicht. Von da an wurde das Wetter dick und der Schiffsführer begann an seinen Künsten zu zweifeln. Er beschloss, das Loggen zu lassen und nur noch das Lot zu nutzen. Er kreuzte gegen den flauen westlichen Wind, indem er jedes Mal, wenn das Lot eine geringe Wassertiefe anzeigte, auf den anderen Bug ging. Am

Morgen des 2. Mai kam der Segler um 2 Uhr plötzlich fest. Bald darauf kam ein Feuer in Sicht, dessen Identität der Schiffer nicht feststellen konnte. Um 8 Uhr erreichte sie ein dänischer Lotse und erklärte Kapitän Ehlert zu seinem großen Erstaunen, dass er mit seinem Schiff im Großen Belt auf der Insel Sprogö gestrandet sei. Die Nutzung des Lotes **und** des Logs wäre wohl doch die bessere Variante gewesen.

Die Insel Sprogö im Großen Belt

Den Spruch ***Irren ist menschlich*** werden viele Seeleute oft genug verflucht haben. Das vor allem deshalb, weil, wenn sie etwas genauer oder intensiver hingeschaut hätten, sie den Irrtum durchaus hätten bemerken können. Das gilt auch für die Strandung des Stettiner Dampfers URSULA. Das Flensburger Seeamt kam am 18. April 1895 in seinem Spruch zu dem folgenden Schluss: ... *Die Stelle, wo das Schiff strandete, liegt eine halbe Seemeile NzO von einem Wirtshaus im Dorfe Stein. Das am Strand stehende Wirtshaus gehört dem Gastwirt Stelk. Es ist demnächst festgestellt worden, dass in der Nacht, wo die URSULA strandete, in diesem Wirtshaus Tanzmusik war und das Licht, welches der Schiffer für das fest Feuer von Friedrichsort gehalten hat, von einer im Wirtshaus brennenden Petroleumlampe herrührte ...*

Ganz nach dem Gusto des jeweiligen Autors ist das Versagen der Seeleute bei 50 bis 85 Prozent der Seeunfälle die Ursache für das Eintreten der international registrierten Seeunfälle. Seit Langem wissen die zahllosen „Experten", dass es auch Seeunfälle gibt, die die Seeleute nicht verschuldet haben. Das belegt auch das seit Jahrhunderten existierende Sprichwort

Es ist nicht allzeit des Schiffsmanns Schuld,
wenn das Segel reißt,
der Mastbaum bricht und das Schiff anstößt.

Auch in dem folgenden Beispiel waren die Seeleute der US-Navy nicht schuld daran, dass ihr Minensucher auf ein Riff lief und auf ihm sitzen blieb. Das EUROPÄISCHE SEGEL-INFORMATIONSSYSTEM veröffentlichte zu dem Seeunfall folgende Meldung:

> ***Elektronische Seekarte versetzte Riff, auf dem Minensucher strandete, um acht Meilen.***
> *Im Januar 2013 strandete der Minensucher USS ‚Guardian' auf dem Tubbataha Riff. Am 18.1. waren die letzten sieben Mann abgeborgen worden, nachdem bis dahin die Bergungsbemühungen fruchtlos geblieben waren. Der Havarist wurde in der Brandung 90 Grad herumgedrückt, was weiteren Schaden am Korallenriff verursacht haben könnte. Mehrere Hilfsschiffe waren unterdessen zur Strandungsstelle unterwegs zu der Position 80 Meilen ostsüdöstlich von Palawan Island ... Am 19.1. veröffentlichte die U.S. National Geospatial-Intelligence Agency (NGA) erste Erkenntnisse zur Unglücksursache, nach denen die digitalen nautischen Karten falsche Daten enthalten können, die den Minensucher vom Kurs abbrachten. Da die elektronischen Seekarten auch auf anderen Schiffen der US-Marine genutzt werden, ergingen an diese vorsorglich Warnungen. Im konkreten Fall war wohl die Position des Tubbataha Riffes auf der digitalen Karte falsch verzeichnet und um acht Meilen versetzt ausgewiesen worden.*

Da ich die Umstände wie Wetter, Erkennbarkeit des Riffs, Vorhandensein und Aufmerksamkeit des Ausgucks nicht beurteilen kann, will ich auch gar nicht erst anfangen, an dieser Aussage herumzumäkeln, zumal uns das Sprichwort ja eindeutig bestätigt, dass wir nicht immer schuld sind. Vielleicht hätten sich die amerikanischen Seeleute aber doch an das ungeschriebene Gesetz ihrer Kollegen auf den Großen Seen erinnern sollen. Es besagt: *Ständige Wachsamkeit ist der Preis, schwimmen zu*

bleiben. Hätte es der Kapitän des Hamburger Dampfers OTTILIE am 13. März 1891 beachtet, wäre er mit seinem Schiff nicht auf ein Riff der Purdy-Inseln, die zum Bismarck-Archipel gehören, gestrandet. Das Kaiserliche Seeamt in Hamburg kam zu der Auffassung, dass seine unzureichende Navigation daran schuld war, dass das Schiff zum Totalverlust wurde. Nachdem er schon mit seiner Navigation Schiffbruch erlitten hatte, sorgte er durch unmäßigen Alkoholgenuss dafür, dass seine Seemannschaft sprichwörtlich über Bord ging. Im Spruch des Seeamtes findet sich folgende sehr anschauliche Beschreibung seiner Aktivitäten nach der Strandung des 170 Registertonnen großen Dampfers: ... *Als nun Steuermann Ebers die Leine, welche den Anker am Boote hielt und dieses hinten völlig unter Wasser drückte, durchschnitt, gerieth Schiffer Budde der Art in Wuth, daß er unter den heftigsten Schimpfworten den Steuermann Ebers zum Passagier machte, an seiner Stelle aber den als Passagier an Bord befindlichen Gärtner Tillmann zum Steuermann ernannte. Schiffer Budde befand sich zur Zeit jener Ankermanöver in einem so schwer angetrunkenen Zustande, daß er sich, um nicht umzufallen, an der Reling festhalten mußte. Er machte zunächst selbst noch einen Versuch mit dem Ausbringen des Ankers, doch scheiterte jener Versuch ebenfalls gänzlich. Schiffer Budde begab sich dann in seine Kajüte und blieb dort in betrunkenem Zustande stundenlang liegen, ohne sich um irgendetwas zu bekümmern ... Als Steuermann Ebers zu dieser Zeit beschäftigt war, die vier an Bord befindlichen Ochsen ins Wasser zu lassen, um sie an Land schwimmen zu lassen, sprang Schiffer Budde in schwer angetrunkenem Zustande über Bord und schwamm denselben nach mit dem Ausruf, er wolle die Ochsen retten ... Er war zur Zeit nur mit einer leichten javanischen Hose bekleidet, die sich indeß bei dem Schwimmen abstreifte. Mit blutendem Kopfe, welchen er sich durch einen Stoß gegen die aus dem Wasser ragenden Korallen zugezogen hatte, gelangte er schließlich auf die Insel des Latent-Riffes und stand dort vollständig nackt bei den dort gelandeten malayischen Frauen.* Ob der Anblick des nackten Kapitäns die Malaiinnen „erfreute“, berichtete das Seeamt nicht.

DERJENIGE, DER BEREIT IST, HAT NICHTS ZU FÜRCHTEN

Es gibt viele Arten von Seeunfällen und unzählige Möglichkeiten, die einen Seeunfall auslösen können. Die Seeleute führen einen ständigen Kampf, Derartiges zu verhindern. Ein Seeunfall beschädigt ja nicht nur ihr Schiff, er kann sehr schnell Leib und Leben gefährden. Deshalb gilt für jede Reise das japanische Sprichwort: ***Derjenige, der bereit ist, hat nichts zu fürchten***. Manchmal reicht nicht einmal das. Die Galeasse CAROLINE lag im Emdener Binnenhafen und sank dort in der Nacht zum 1. März 1902. Als Ursache ermittelte das Emdener Kaiserliche Seeamt eine Ratte. Sie hatte am Hintersteven, etwas über der Leerwasserlinie, die Außenhaut des Schiffes durchgenagt.

Wenn die eigenen Vorbereitungen nicht ausreichen, muss man manchmal auch zu ungewöhnlichen Mitteln greifen. Anlässlich der Verhandlungen des Hamburger Kaiserlichen Seeamtes 1905 zur Verschollenheit der Fischdampfer ST. JOHANN, BALTRUM, GEORG ADOLF, NECK, KOMMANDANT und URANUS würdigte der Reichskommissar ein solches Verhalten. Er sagte: „Einem anderen Schiffe wurde ein Kohlenbunkerdeckel weggeschlagen, doch gelang es dem Kapitän mittels eines Kochtopfes, dem Eindringen von Wasser Einhalt zu tun. Es sind dies alles Fälle, die nahe an dem Untergange der Schiffe vorbeigeführt haben ..."

Ungeachtet der Anstrengungen vieler, wenn auch nicht aller Seeleute sinkt nach den Statistiken jeden Tag ein Schiff. Ich weiß, dass keine der veröffentlichten Seeunfallstatistiken stimmt. Sie sind unrealistisch, weil viele Beteiligte Seeunfälle nicht melden. Das beginnt beim Kapitän. Ich war als „Ausbildungskapitän" auf einem in der Nord- und Ostseefahrt eingesetzten Zubringerschiff. Auf der Reise erzählten mir die Seeleute, dass das Schiff eine Kollision mit der Pier in St. Petersburg gehabt hatte. Jedoch hatte der Kapitän diese nicht gemeldet. So etwas sollte ein Kapitän nie tun, das ist nicht akzeptabel und zerstört das nötige Vertrauen der Reederei in ihn, auch wenn wie in diesem Fall das Schiff nur eine kleine Beule davongetragen hat. Wesentlich kritischer war ein Fall, den sich ein Kollege von Rügen, den ich wenige Jahre vorher auf einem der Rostocker Schiffe vom Typ Saturn abgelöst hatte, bei Alpha Ship in Bremen leistete. Ich musste mich als Sicherheitsbeauftragter (Designated Person Ashore/DPA) des Unternehmens mit dem Vorfall auseinandersetzen. Der Kapitän war nachts mit seinem Schiff auf dem Weg nach Osten aus Singapur ausgelaufen. Sein Kurs musste nach dem Absteigen des Lotsen den westgehenden Verkehr kreuzen. Bei der Verkehrsdichte in der Straße von Singapur ist das in der Nacht eine sehr schwere Aufgabe, die Wissen, Erfahrung und Konzentration verlangt. Der Kapitän passierte den westwärts gehenden Verkehr ohne Probleme. Dann musste er sich in den nach Osten gehenden einordnen. Dabei erkannte er im Radar ein kleines Schiff, das er mit seinem überholte. Da er das Radar aber nicht ausreichend beobachtete, erkannte er nicht, dass dieses kleine Schiff, ein Schlepper, zwei unbeleuchtete Schuten schleppte. Das von ihm geführte Schiff kollidierte mit einer Schute und bekam dadurch ein Loch im Wulstbug. Er meldete diesen Schaden nicht, wodurch das Schiff seine Versicherung verlor. Im Südchinesischen Meer trimmte er das Schiff achterlich, um das Leck ausreichend aus dem Wasser zu bekommen. Dann ließ er den Schaden von Besatzungsmitgliedern reparieren, wozu sie nicht qualifiziert waren. Zudem trug er den gesamten Vorgang nicht in das Schiffstagebuch ein und zwang den Leitenden Technischen Offizier, dies auch im Maschinentagebuch zu unterlassen. Nachdem er abgestiegen war, erfuhren wir in Bremen ungeachtet seiner Manipulationen davon. Für meinen Kollegen war damit die Arbeit bei Alpha beendet. Beide Kapitäne bestätigten nachträglich Churchill, der gesagt hatte: ***Ich glaube nur den Statistiken, die ich selber gefälscht habe.*** Als Oberinspektor Seeunfalluntersuchung bei der DSR (1985–1989) beteiligte ich mich ebenfalls daran, die Aussage des großen Engländers zu bestätigen. Es gehörte zu meinen Aufgaben, für jedes Quartal und für das gesamte Jahr Statistiken über die Seeunfälle in der Flotte anzufertigen. Dabei vertuschte ich, dass die in Spanien für die DSR gebauten Schiffe vom Typ VCS 420 zahlreiche Seeschlagschäden im Vorschiffsbereich erlitten. Dabei war ich nicht geschickt genug, denn der Seekommissar Fregattenkapitän Weihs kam mir auf die Schliche. Da wir uns gut verstanden, blieb das ohne Folgen, als ich ihm für die Zukunft Ehrlichkeit anbot. Als DPA in Bremen trug ich wieder dazu bei, dass die internationalen Statistiken nicht stimmten. Das geschah aber nicht aufgrund möglicher krimineller Energie. Der Grund war, dass der verantwortliche Flaggenstaat, die Niederländischen Antillen, keine Infrastruktur für die Bearbeitung dieser Ereignisse hatte. Wir konnten sie nicht melden, denn sie wollten sie nicht gemeldet haben. Selten ist Churchill so umfassend bestätigt worden.

Die Galeasse EMANUEL ist 1833 auf der Reise von Rostock nach Newcastle verschollen

Nur wenige Beispiele genügen, um zu beweisen, dass der Schotte Sir John Graham Dalyell (Advokat, Antiquar, Naturalist) die Situation auf See sehr gut einschätzen konnte. Er sagte: ***Schiffsunglücke gehören zu den größten Übeln, die die Menschen erfahren können***. Die folgenden Beispiele, ohne solche einzubeziehen, die ihre Ursache in kriegerischen Auseinandersetzungen hatten, belegen dies:

1987 DONA PAZ, Philippinen: 4375 Menschen starben, nachdem die Fähre mit dem Tanker VICTOR kollidiert war und in Brand geriet.

2002 JOOLA, Senegal: Etwa 2000 Menschen starben, als die völlig überbelegte Fähre auf der Reise nach Dakar im Sturm kenterte.

1954 TOYA MARU, Japan: 1172 Menschen kamen um, als die Fähre während eines Taifuns in der Tsugaru-Straße sank.

2006 AL-SALAM BOCCACCIO 98, Ägypten: Offiziell verloren 1018 Menschen ihr Leben, als die Fähre auf der Reise von Saudi Arabien nach Ägypten erst in Brand geriet und dann kenterte.

1994 ESTONIA, Estland: 852 Menschen starben, als die Fähre auf dem Weg von Tallin nach Stockholm 20 Seemeilen von der finnischen Insel Utö entfernt in schwerem Wetter sank.

Die ARNSTADT vom Typ VCS 420 läuft in Rostock ein

Da alle diese Seeunfälle vermeidbar waren, sind sie bittere und demoralisierende Ereignisse für die Schifffahrt. Auf diese Seeunfälle trifft der italienische Spruch ***Der Tod hat das Netz an allen Ausgängen ausgespannt*** ohne Abstriche zu.

Zum Glück bewahrheitete sich dieser Spruch nicht für die Seeleute des deutschen Dampfers SAVONA, obwohl er mehr Seeunfälle, als ich je bei einem Schiff registriert habe, überstehen musste. Das Schiff war 1871 in Sunderland erbaut und mit 1496 Registertonnen vermessen worden. Unter britischer Flagge führte der Dampfer den Namen BERTHA. In der Folgezeit wechselte er sechs Mal den Besitzer. Es wird nicht berichtet, ob die jeweiligen Eigner wegen der nicht abreißenden Zahl von Seeunfällen oder aus anderen Gründen entnervt aufgaben. Unter britischer Flagge hatte das Schiff acht größere Seeunfälle. Dazu gehörten Seeschlag, Brand, Leck, Strandung, Kollision, Sinken und das Übergehen der Ladung. Nach dem Sinken wurde das Schiff gehoben, die Maschine erneuert und ein durchgehender Doppelboden mit Tanks für Wasserballast eingebaut.

Die ESTONIA (ex VIKING SALLY) in Stockholm

Unter deutscher Flagge hatte es dann drei Seeunfälle. Auf der Reise von Baltimore nach Pernambuco musste es einen Nothafen anlaufen, weil sich die Hauptmaschine von ihrem Fundament löste, Wasser in das Schiff eindrang, zeitweise die Ruderkette gebrochen und die Ladung zum Teil übergegangen war. In diesem Zustand wurde am 12. September 1889 St. Thomas erreicht. Am 2. Oktober konnte das Schiff die Reise fortsetzen. Nur 13 Tage später bemerkte man Rauch im Kohlebunker. Die Besatzung konnte den Brand dämpfen und erreichte drei Tage später den Bestimmungshafen. Beim Einlaufen kam man allerdings auf der Barre fest und musste das Schiff leichtern. Der letzte Seeunfall nahm mit dem Abbrechen aller vier Flügel des Propellers in schwerem Wetter am 9. März 1890 seinen Anfang, als sich das Schiff auf der Reise von New York nach Hamburg befand. Am 13. März verließ die Besatzung den Dampfer und wurde von der FLORIDA aufgenommen. Danach verschwand das leidgeprüfte Schiff und begab sich in „Davy Jones' Locker", der das englische Idiom für den Grund des Meeres als letzte Ruhestätte ist.

Weder gutes noch schlechtes Wetter hält an

Das Wetter hat in den Überlegungen der Seeleute immer eine überragende Rolle gespielt. Schon das tägliche Arbeitsprogramm wird entscheidend durch das Wetter beeinflusst. Als es noch keine Wetterberichte gab, war ein gutes Verständnis für das Wetter ein großer Vorteil. Bestimmte Wetterzeichen konnten wichtige Hinweise geben. Die Seeleute halfen sich mit einfachen Sprüchen. Der folgende findet sich in vielen Sprachen:

Roter Himmel in der Nacht ist des Schäfers Vergnügen, roter Himmel am Morgen ist des Seemanns Warnung.

Das MS LECH im Sturm in der Biskaya

Wilhelm Busch hat sehr eindrucksvoll darauf hingewiesen, dass die Vorhersage des Wetters keine leichte Aufgabe ist. Er sagte: ***Der Weise äußert sich vorsichtig, der Narr mit Bestimmtheit über das kommende Wetter***. Regen mag den Arbeitsplan des Ersten Offiziers durcheinanderbringen, aber ein Sturm hat eine ganz andere Bedeutung. Die Seeleute erleben ihn, wenn Wind mit Geschwindigkeiten von mindestens 20,8 m/s oder Bft. 9 das Schiff trifft. Probleme kann ein Schiff schon vorher haben. Das hängt von der Qualität und dem Zustand des Schiffes sowie der Größe und Qualität der Besatzung ab.

MS SCHWERIN 1964 bei Windstärke 12 auf dem Atlantik

Victor Hugo hat das Spiel Schiff – Sturm sehr treffend mit folgenden Worten beschrieben:

Das Meer ist eine Vielfalt von Kräften,
denen sich als besondere Komplikation der Wind zugesellt.
Ein Schiff ist eine Vielfalt maschineller Kräfte.
Den Naturkräften sind im Gegensatz zu den maschinellen
Kräften keine Grenzen gesetzt.
Zwischen diesen beiden Mächten,
deren eine durch unerschöpfliche Kraft
und deren andere durch den Verstand wirksam ist,
spielt sich der Kampf ab,
den man Schiffahrt nennt.

In der Auseinandersetzung mit den Naturgewalten sind die Seeleute mit ihrem Schiff nicht immer erfolgreich. Ihre Ehrfurcht vor diesem Naturphänomen verdeutlicht der folgende Spruch:

Unter den Brüllenden Vierzigern gibt es kein Gesetz;
unter den Rasenden Fünfzigern gibt es keinen Gott.

Vor allem zu Zeiten der Segelschifffahrt war die Fähigkeit, auf Veränderungen des Wetters durch die Beobachtung von Wind, Wolken, See, Dünung und dem Luftdruck schließen zu können, überlebenswichtig. Außerdem führte der Kapitän, der das Wetter in einer Zeit ohne Wetterkarten und -berichte lesen konnte, sein Schiff mit einer viel besseren Wirtschaftlichkeit. Das beweist die Reise der deutschen Bark LOUISE & GEORGINE von Amsterdam nach Makassar unter der Führung von Kapitän C. H. Meier. In den ANNALEN der Hydrographie (1882, II.) wurde der folgende Bericht des Kapitäns publiziert:

„Am 14. April 1881 Mittags 1 Uhr verliessen wir bei frischem SE-Winde den Hafen von *Ymuiden* ... Im Südatlantischen Ocean traf ich beim Verlassen des Passatgebiets eine ganz ungewöhnliche Wetterlage an. Ich glaubte deshalb auch von der üblichen und unter den gewöhnlich angetroffenen Verhältnissen auch gewiss berechtigten Route abweichen zu müssen. Ich war nämlich der Ansicht, dass, wenn in niederen Breiten frische oder gar stürmische westliche Winde bei einem niedrigen Barometerstande aufträten, welche Winde nur durch etwas weiter südwärts lagernde oder sich fortbewegende Depressionen hervorgerufen werden könnten, es dann für ein ostwärts bestimmtes Schiff nicht vortheilhaft sein würde, mit diesen westlichen Winden einen sehr südlichen Kurs zu steuern. Denn dadurch würde es nach der polaren Seite der Depression und in die dort wehenden östlichen Winde geführt werden, wohingegen es bei einem östlichen Kurse von den günstigen westlichen Winden der äquatorialen Seite der Depression den grössten möglichen Nutzen haben würde. Diese meine Ansicht brachte ich zur Ausführung und erlangte dadurch, wie ich später in Erfahrung brachte, einen grossen Vorteil.

Die norwegische Bark ‚Azow', welche gleichzeitig mit uns auf der Reise nach *Makassar* begriffen war, hatte, Maurys Anweisung folgend, bei den zwischen 20° und 30° S S-Br. angetroffenen Westwinden einen hoch südlichen Kurs beibehalten und war damit in der Nähe von *Tristan d' Acunha* in ein Gebiet östlicher, meistentheils sogar stürmischer Winde gerathen. Dieselben hielten vier Wochen lang an. Hauptsächlich infolge des hierdurch verursachten Aufenthalts kam jenes Schiff, obgleich es *Cardiff* mehrere Wochen früher verlassen hatte, als wir von *Ymuiden* ausgingen, erst 16 Tage nach uns in *Makassar* an."

Die Ehrfurcht der Seeleute vor der stürmischen, tobenden See wurde in folgenden Worten unserer Vorfahren deutlich: *Rasmus is de grimmige See, Wohr di, Rasmus kommt, Kaventsmänner usw.* Diese Begriffe sind authentisch. Wenn ich dagegen in den Medien ständig von „Freak Waves", „Killer Waves" (Mörderwellen), „Monsterwellen", „Abnormal Waves" (unnormale Wellen) lese, vergeht mir das Lachen. Was sind unnormale Wellen? Jede Welle ist normal, aber sie kann durchaus außergewöhnlich sein. Reeder und Kapitäne lieben diese Begriffe, weil sie höhere Gewalt andeuten. Wer fragt da noch nach Fehlern der Reederei oder des Kapitäns? Ich wende mich mit Grausen von den Mörderwellen ab. Wellen entstehen durch physikalische Vorgänge, denen Naturgesetze zu Grunde liegen. Nun ist es ja einerseits mit der Allgemeinbildung oft nicht weit her und andererseits verkauft sie sich nicht so gut. Also wird ***auf die Pauke gehauen***. Da wird dann nicht selten ein gewaltiges ***Eigentor*** geschossen. Im Sommer 2010 berichteten die Vereinigten Arabischen Emirate, dass der 333 m lange Supertanker M.STAR in der Straße von Hormuz von einer Freakwelle getroffen worden sei. Die Freakwelle elektrisierte mich sofort. Das war doch endlich mal ein richtiges Wunder. In der engen Straße, die wir mit den Rostocker Schiffen zahllose Male auf dem Weg nach Scharjah, Dubai, Kuwait und Basrah passiert hatten, entwickelte sich ein solches Monster. Eine Geschichte wie aus Tausendundeiner Nacht. Es ging ein bisschen hin und her, und schließlich wurde kleinlaut berichtet, dass es eine Explosion gewesen war, die das Schiff beschädigt und einen Seemann verletzt hatte. Die humorlosen Amerikaner zerstörten den letzten Rest dieses Märchens mit der Meldung, dass die Explosion durch einen terroristischen Angriff verursacht worden sei.

Wie erholsam und beruhigend ist es, wenn Erhard Horst Bellermann, deutscher Bauingenieur, Dichter und Aphoristiker, sagt: ***Wetter ist eine***

Erfindung der Natur, Unwetter eine Erfindung der Menschen. Stürme und die gegen die Küste anrennenden Seen beeindrucken nicht nur die Seeleute. Die Ureinwohner Nordamerikas haben ein sehr weises Wort geprägt, als sie sagten: ***Akzeptiere, dass du dich nach dem Wetter zu richten hast. Es ist älter – überlasse ihm höflich den Vortritt!*** Jemandem den Vortritt zu lassen, gehört in unserer Welt nicht unbedingt in das Verhaltensmuster der meisten Menschen. Wie sollte es da bei den Seeleuten anders sein? Die Beachtung dieses Indianerwortes (indigenen Völker Amerikas) beinhaltet, dass man, selbst wenn man ein starkes Containerschiff führt, es mit der den Umständen angemessenen Geschwindigkeit durch ein Sturmgebiet lenkt. Das erinnert mich an einen jungen ukrainischen Kapitän, der Ende 1998 als Zweiter Offizier zu meiner Besatzung auf der TAURUS gehörte. Igor wurde schnell befördert und führte im Januar 2002 das MS NEPTUN auf einer Reise vom Mittelmeer nach New York. Nach anfänglich gutem Wetter traf er auf ein ausgedehntes nach Osten ziehendes Tiefdruckgebiet mit Orkanstärke erreichendem Wind.

Die NEPTUN als KOTA PERDANA auf der Reede von Hong Kong

Die zwischen den Spanten der NEPTUN eingedrückte Außenhaut

Die Windsee war in der Regel 5 bis 6 Meter hoch, konnte in Ausnahmefällen aber 12 m erreichen. Unglücklicherweise beschäftigte sich Igor nicht intensiv mit der Entwicklung und den Auswirkungen des Wetters. So kam es, dass er das ihm anvertraute Schiff in das Gebiet des Sturms führte, das

den höchsten Seegang aufwies. An der einen oder anderen Stelle hätte er auch die Geschwindigkeit stärker reduzieren müssen. So wurde das Schiff bei einer Geschwindigkeit von über 10 kn von drei großen Wellen getroffen, was zu einem totalen Stromausfall (Blackout) führte. Nach der Reise konnte ich am Vorsteven erkennen, wie die See die Außenhaut zwischen den Spanten eingedrückt hatte. Da die Schiffe einen starken, großen Wellenbrecher auf der Back hatten, waren die Container an Deck heil geblieben. Andere Schäden erlitt das Schiff nicht. Igor hat sich in Zukunft etwas stärker nach den Worten der Indianer gerichtet. Mir hat er einen großen Dienst erwiesen, weil ich anhand seines Seeunfalls in Zukunft bei der Weiterbildung der Kapitäne und nautischen Offiziere von Alpha Ship in Odessa das Fahren in schwerem Wetter hervorragend erklären konnte.
Auch Kapitän Heinz Aye von dem Expeditions-Kreuzfahrtschiff BREMEN hätte sich und seinen Passagieren eine unangenehme Situation erspart, wenn er das Wort von Vasco da Gama

Was soll die Furcht –
es ist das Meer, das vor uns erzittert

nicht zu wörtlich genommen hätte und der Deutsche den Ureinwohnern Amerikas gefolgt wäre. Am 22. Februar 2001 befand sich das Schiff auf der Reise von Südgeorgien nach Rio de Janeiro, als sich das Wetter rapide verschlechterte. Kapitän Aye will Windstärke 14 gemessen haben. Dann wurde das Schiff auf der Position 45°54' Süd und 38°58' West von einer See getroffen, die nach einer Schätzung der Besatzung 35 m hoch war und die Brückenfenster einschlug. Dadurch fiel die gesamte Stromversorgung aus und das Schiff trieb in der See. Der Kapitän ließ SOS funken. Nach einem Artikel im Spiegel (51/2001) sah der Kapitän schon 200 Leichen im Wasser schwimmen. Wie er dem Magazin mitteilte, „spürte er den Atem Gottes“. Das ist eine Erfahrung, die mir der liebe Gott in 55 Jahren aktiver Seefahrt erspart hat. Den Artikel des Spiegel kann ich als Seemann nicht ganz ernst nehmen. Ich weiß nicht, welche „Experten“ hier befragt wurden. Bei dem Heer von „Experten“ in Deutschland verliert man ja schnell den Überblick. Auf die Idee, dass Kapitäne mit ihrem Schiff in den Brüllenden Vierzigern etwas langsamer fahren sollten, damit die Seen die Brückenfenster des Schiffes **nicht** einschlagen, ist wohl keiner gekommen.

Der „galante" Kapitän (Spiegel) offensichtlich auch nicht. Das folgende Zitat aus dem Artikel ist schon eine ganz besonderes „Highlight" des in dieser kurzatmigen Welt so geschätzten investigativen Journalismus: „Die Lage ist dramatisch. Das antriebslose Schiff hat sofort seine natürliche Lage eingenommen. Es liegt quer in der Dünung, die Experten sprechen von ‚K.-o.-Stellung'. Schlag um Schlag rollen die Wellen gegen die Breitseite." Mit diesem interessanten Problem habe ich mich schon in meinem Buch „Schiffe im Sturm" beschäftigt. Es ist für viele „Experten" offensichtlich nicht leicht, die physikalischen Gegebenheiten einer solchen, die Menschen an Bord zweifellos ängstigenden Situation zu verstehen. Es ist nun aber so, dass das quer liegende Schiff nach kurzer Zeit mit mehreren Knoten Geschwindigkeit nach Lee vertrieben wird. Auf der Leeseite wird das Wasser verdrängt und kommt auf der Luvseite des Schiffes wieder hoch, wodurch es die dort heranrollenden Wellen bricht. Sie treffen das Schiff nicht. „K.-o." sind die Wellen und die „Spiegel-Experten", aber nicht das Schiff. Der liebe Gott hatte ein Einsehen, die Jungs im Keller der BREMEN konnten die Stromversorgung wiederherstellen und dadurch eine Hauptmaschine starten. Das Passagierschiff änderte seinen Kurs auf Buenos Aires, um dort die Schäden reparieren zu lassen. Wieder einmal hat Shakespeare, der folgende kluge Worte im Stück „Der Kaufmann von Venedig" findet, recht mit seiner Warnung:

> *Der Hauch, der meine Suppe kühlte, würde*
> *mir Fieberschauer anwehn, dächt ich dran,*
> *wie viel zur See ein starker Wind kann schaden …*

Es waren nicht Kapitän Aye und die BREMEN allein, die Shakespeare mit seinen klugen Worten gewarnt hat. Die HANSEATIC, LOUIS MAJESTY, BALMORAL, CALEDONIAN STAR, EXPLORER und andere befanden sich alle schon einmal in der gleichen Lage. Mit den Worten *In dem Sturm ist es, dass man die Seeleute erkennt* haben die Italiener neben anderen Seefahrernationen einen für diese Situation sehr treffenden Spruch geprägt. An diese Worte erinnerte ich mich auf einem Schiff, auf dem ich als „Ausbildungskapitän" fast 14 Tage lang mitfuhr. Die philippinischen Seeleute erzählten mir, dass sie sich einige Zeit vorher im Südchinesischen Meer in einer gefährlichen Situation befunden hätten.

Die HANSEATIC läuft in Hodeidah ein

Damit hatten sie meine Neugier geweckt. Anhand ihrer Berichte, des Reiseplans und der Tagebucheintragungen rekonstruierte ich den Seeunfall. Das Schiff bekam eine Taifunwarnung, bevor es Hongkong auf dem Weg zu den Philippinen verließ. Der Kapitän hatte also ausreichend Zeit, um sich mit einer gründlichen Reisevorbereitung auf diesen unfreundlichen Gesellen einzustellen. Der Kapitän wollte mit einem östlichen Kurs den Taifun vermeiden. Zu dieser Jahreszeit war aber die Wahrscheinlichkeit groß, dass der Taifun erst auf Nord und dann auf Nordost drehen würde. So geschah es dann auch. Durch eine Kursänderung auf Südost steuerte der Kapitän das Schiff später in die unmittelbare Nähe des Zentrums des Taifuns. Die Distanz betrug nur noch 45 Seemeilen zum „Auge" des Wirbelsturms. Es kam zum „Blackout" und das Schiff trieb in der schweren See. Daraufhin versammelte sich die gesamte Besatzung auf der Brücke. Der Kapitän ließ die Notfunkbake auslösen und damit SOS funken. Von einer solch außergewöhnlichen Seemannschaft auf der Brücke eines Schiffes im Sturm habe ich noch nie gehört. Wer kann auf der Brücke noch ruhig nachdenken, wenn alle dort wie die Hühner auf der Stange sitzend schnattern oder vor Angst mit den Zähnen klappern? Es ist überhaupt nicht nachzuvollziehen, warum der Kapitän die Notfunkbake aktivierte. Das Schiff befand sich zu keinem Zeitpunkt in einer wie auch immer gearteten Gefahr. Das Schiff trieb, ohne dass es zu bemerkenswerten Schäden am Schiff selbst oder an den an Deck gestauten Containern kam, am Zentrum des Taifuns vorbei. Die Maschinisten stellten nach Stunden die Stromversorgung wieder her. Es kam zu einem weiteren „Blackout", die Stromversorgung wurde erneut wiederhergestellt, und nach 32 Stunden starteten sie dann endlich ihre Hauptmaschine und setzten die Reise fort. Dieses Beispiel zeigt einmal mehr, dass der „galante" Kapitän Aye seinen Passagieren auf der BREMEN ihre Todesangst hätte nehmen können, wenn er ihnen erklärt hätte, dass das Treiben eine Nerven und Treibstoff schonende sowie Schäden vermeidende Art ist, einen Sturm abzuwettern.

Feederschiff, das im Südchinesischen Meer durch Stromausfall im Taifun trieb

Durch den Taifun auf dem Schiff verursachte unbedeutende Schäden

Bei der sehr unterschiedlichen Ausbildung der Kapitäne, ihrer mehr oder weniger großen Erfahrung und ihrem unterschiedlichen Charakter kann es gar nicht anders sein, als dass die Schiffsführer auch sehr unterschiedliche Ansichten zum Abwettern im Sturm, aber ganz besonders in einem tropischen Wirbelsturm entwickeln. So ähnlich, wie sich der philippinische Kapitän verhalten hat, tat das auch ein Brite. Joseph Conrad[2] hat dies in einzigartiger Weise in seinem Buch „Taifun" folgendermaßen beschrieben: „Ein Sturm ist ein Sturm, Herr Jukes", fing der Kapitän von Neuem an, „und ein tüchtiges Dampfschiff muß ihm standhalten. Es geht viel schlechtes Wetter in der Welt um, und das Beste ist, sich hindurchzuschlagen ohne das, was Kapitän Wilson ‚Sturmstrategie' nennt. Neulich hörte ich ihn in einer Wirtschaft an Land zu einem Haufen von Schiffskapitänen sprechen, die sich an einem Tisch neben dem meinigen zusammengefunden hatten. Was er sagte, schien mir der größte Unsinn zu sein. Er erzählte ihnen, wie er um einen furchtbaren Sturm herummanövriert habe, so daß er stets wenigstens fünfzig Meilen davon entfernt geblieben sei. Ein feines Stück Kopfarbeit nannte er das. Wie er wissen konnte, daß in einer Entfernung von fünfzig Meilen ein furchtbarer Sturm herrschte, das geht über meinen Horizont. Es war, als ob man einem Irrsinnigen zuhörte. Ich hätte gedacht, Kapitän Wilson wäre alt genug, um gescheiter zu sein."

Als ich mich 1992 mit der MEYENBURG auf der Reise von Brasilien nach Taiwan und Japan südlich und nördlich von Taiwan jeweils mit einem Taifun herumschlagen musste, hielt ich eine Entfernung von 80 sm zum Zentrum des Taifuns für angemessen. Unser Problem war nicht der jeweilige Taifun, sondern dass die Hauptmaschine unseres Schiffes, als wir uns bei beiden Wirbelstürmen auf ihrer Bahn befanden, versagte. Dank unserer exzellenten technischen Offiziere konnte ich die MEYENBURG jedes Mal rechtzeitig in die gewünschte Entfernung zum Taifun manövrieren. Schiff und Besatzung ist das gut bekommen. Bei Joseph Conrad kannte Kapitän Mac Whirr auf seinem Dampfer NAN-SHAN nicht einmal den Spruch seiner Landsleute: ***Er versuchte, wie weit er gehen durfte.*** Er dampfte, ohne zu überlegen und ohne sich die geringsten Sorgen zu machen, in den Sturm hinein und kam auch glücklich hindurch. Das betraf allerdings nicht seine „Passagiere", die in einem Zwischendeck und an Deck „untergebrachten" chinesischen Kulis. Ihre Habe flog ein wenig durcheinander. Der „Alte" überließ es diesen armen Menschen, das ihn nicht betreffende Chaos zu sortieren. Juri Senkewitsch, der sowjetische Arzt, Fernsehmoderator und Autor, wurde 1969 als Teilnehmer an Thor Heyerdahls „Ra"-Expedition ausgewählt. Ebenso nahm er 1970 an der Folge-Expedition „Ra II" und an der Fahrt der „Tigris" auf dem Indischen Ozean 1977 bis 1978 teil. Er hat folgende beachtenswerte Worte zu unserem Verhältnis zum Meer gefunden:

Natürlich kann man, wie man so sagt,
den Kampf mit dem Meer aufnehmen,
aber es berührt mich stets unangenehm,
wenn von berühmten Seefahrern gesagt wird,
sie hätten den Ozean bezwungen.
Kolumbus, Magalhães, Nansen, Amundsen, Krusenstern,
Chichester, Bombard –

sie alle sind keine Bezwinger des Ozeans,
sie sind berühmt geworden, weil sie
mit dem Ozean eine gemeinsame Sprachen fanden,
seine und ihre eigenen Kräfte in Übereinstimmung
zu bringen vermochten.

Die beiden folgenden wunderschönen Sprüche, der eine aus dem Gilgamesch-Epos und der andere von meinen mecklenburgischen Vorfahren, belegen, dass nicht nur die Passagiere und Seeleute der BREMEN und die Filipinos, sondern die Seeleute auf allen Meeren seit Jahrhunderten immer wieder die gleiche tröstende Erfahrung machen. Im Gilgamesch-Epos steht: ***Das Meer beruhigte sich, der Orkan hörte auf und die Flut legte sich.*** Und meine Vorfahren sagten: ***Wenn Rasmus uns hüt ok eens natt maakt, de Sünn maakt uns wedder dröög!***

Ein kleines Leck kann ein großes Schiff zum Sinken bringen

Ein Leck ist eine Beschädigung der Außenhaut des Schiffes, die durch Kollision, Grundberührung, Schlechtwetterschäden, Explosionen, strukturelle Schäden (Risse), Korrosion im Schiffskörper oder durch nicht sachgerechte Reparaturen an nach außenbords führenden Rohrleitungen in der Werft usw. entstehen kann. Zur Zeit der hölzernen Segelschiffe leckten fast alle Schiffe in unterschiedlich starkem Umfang. Aus Teakholz und Eiche gebaute weniger, aus weichem Holz gebaute umso stärker. Da wurde aus einem kleinen Leck schnell ein großes. Manche Segler leckten so sehr, dass sie aufgegeben werden mussten. Die schwedischen Seeleute wussten, wovon sie sprachen, wenn sie sagten:

Ein kleines Leck kann ein großes Schiff zum Sinken bringen.

Ehm Welk scheint sich mit diesem Problem der Seeleute besonders gut ausgekannt zu haben, denn er schrieb in seinem Buch „Mutafo“: „Siebenmal hatten sie bereits den Atlantischen Ozean durch das lecke Schiff hindurchgepumpt.“ Irgendwann beherrschten die Seeleute ungeachtet allen Pumpens das Problem nicht mehr. Glück hatten sie, wenn sie dann einen Nothafen anlaufen konnten. Die finnische BALTIC musste jeweils im

Herbst der Jahre 1931, 1934 und 1935 in undichtem Zustand Göteborg als Nothafen anlaufen. Beim letzten Mal brachte ein anderes Schiff ihre Ladung nach England.
Die Seeleute konnten ihr Schiff durch ein Leck auch unmittelbar vor der Haustür verlieren. Im August 1881 verließ die 48 Jahre alte Schonerbrigg SOPHIE ELISE Warnemünde in Ballast. Das Rostocker Schiff arbeitete schwer in dem sich verstärkenden Sturm. Bald merkte die Besatzung, dass der Segler Wasser machte. Ihr Pumpen half nicht, es nahm stetig zu. Dadurch war das Schiff immer schwerer zu führen. Die Seeleute baten die Besatzung des Gedser Feuerschiffes um Hilfe, die diese ihnen in dem Wetter nicht mehr gewähren konnte. Der Kapitän wollte das Schiff auf den Strand der Insel Falster setzen. Auch das schaffte er nicht mehr, sie mussten ihren Segler vor dem Erreichen der Küste in einem kleinen, schlecht ausgerüsteten Boot verlassen. Sie hatten großes Glück, dass sie nach drei Stunden in der stark befahrenen Ostsee von einem schwedischen Schoner gerettet wurden. So wie bei der SOPHIE ELISE spielten Alter und Wartungszustand des Schiffes, der durch die vielen über die Schifffahrt hereinbrechenden Krisen selten gut war, eine erhebliche Rolle beim Verlust von Seglern durch Lecks. Es heißt nicht umsonst: *Was nützt die Tonne, wenn das Schiff leck ist*.
Mitten auf dem Ozean konnte die Situation schnell hoffnungslos werden. Manchmal hatten die Seeleute *Glück im Unglück*. So erging es der Besatzung des Vollschiffes GREAT ADMIRAL. Am 22. Dezember 1907 befand sich das aus Eisen gebaute Vollschiff BARCORE auf dem Weg nach Australien. An der Westküste der USA geriet es in einen schweren Sturm. Die Decksladung ging zum Teil über Bord, Segel zerfetzten, aber das Schiff blieb heil. Wie glücklich die Besatzung sich schätzen konnte, sah sie am nächsten Morgen, als sie meinte, eine Insel vor sich zu haben. Es war aber keine Insel, sondern das Wrack des Vollschiffes GREAT ADMIRAL aus Seattle. Um das Wrack herum schwamm die Holzladung des Schiffes. Die Besatzung befand sich seit 36 Stunden im Wasser. Die Holzladung hatte wie ein Wellenbrecher gewirkt und es den Seeleuten ermöglicht, sich auf dem Wrack zu halten, allerdings ohne Nahrung. Wäre die BARCORE nicht gekommen, hätte sich die GREAT ADMIRAL mit

ihrer Besatzung ohne Zweifel in die lange Liste der verschollenen Schiffe eingereiht. Das Glück, das den Seeleuten der GREAT ADMIRAL zuteilwurde, hatten die von Kapitän Scharmberg geführten Seeleute der Barther Brigg ULRICH VON HUTTEN nicht. Sie gerieten mit ihrem Segler, der Eichenschwellen von Danzig nach Gent befördern sollte, in der Nacht vom 21. zum 22. Oktober 1874 in einen schweren Sturm. Am 4. November entdeckte der schwedische Dampfer EYNAR das Wrack der Brigg, das nach Tönning geschleppt wurde. Der Dampfer war zu spät gekommen. Das Schiff war völlig zerschlagen, an Deck war nichts mehr heil und es war überflutet. Es trieb, wie die GREAT ADMIRAL, auf seiner Ladung. Der Unterschied zwischen beiden Wracks war, dass von den neun Seeleuten des Barther Schiffes keine Spur zu finden war. Wieder einmal hatte sich der über Jahrhunderte gefürchtete Spruch ***De Noordsee is'n Mordsee*** bewahrheitet. Sowohl für die GREAT ADMIRAL als auch für die URICH VON HUTTEN trifft ein Stralsunder Spruch zu:

> ***Wat is'n Wunner, säd de Stralsunner,***
> ***dat Schipp is leck un geiht nich unner.***

Die klugen Stralsunder hatten leider nicht immer recht. Manches Leck wird zum spurlosen Verschwinden der Besatzung und oder eines Schiffes geführt haben. Damit war das Schiff verschollen. Das Wort „verschollen" wird ja nicht nur im maritimen Bereich verwendet. Im transpress Lexikon Seefahrt (1981) wird die Verschollenheit eines Schiffes folgendermaßen erläutert: *Bezeichnung für die Ungewißheit des Verbleibs eines Schiffs, wenn innerhalb der Verschollenheitsfrist das Schiff den Bestimmungshafen nicht erreicht hat und keine Nachricht von dem Schiff eingegangen ist.* Die Verluste konnten schmerzhaft sein. So verlor die Mecklenburger Handelsflotte 1870 die Barken FRANZ und MALAGA, die Brigg MARCO POLO, den Schoner ARION und die Galeasse MINERVA auf diese Weise.

Die Schifffahrt ist voll von Mythen, Märchen, Legenden, Sagen und Phantomen. In keinem Bereich ist ihre Anzahl größer als bei den verschollenen Schiffen. Keine Spekulation, keine noch so irreale Einbildung abseits von Seemannschaft und Physik wird ausgelassen, um über das spurlose Verschwinden von Schiff und Besatzung zu spekulieren. Ist man mit seinem Latein am Ende und einem fällt gar keine Erklärung mehr ein, kann man sich an den Amerikaner Charles Berlitz wenden, der das „Bermuda-Dreieck“ erfand. Als das Geschäft damit zu lahmen begann, „entdeckte“ er das „Drachen-Dreieck“ im Fernen Osten. Wie sagte es schon Mark Aurel in seinen Selbstbetrachtungen: ***Schau jedem Ding auf den Grund. Seine eigentümliche Beschaffenheit so wenig wie sein Wert entgehe deinem Blicke***.

Die Schonerbrigg GREIF auf der Warnow

Bei zwei Schiffen verschwand die Besatzung, aber nicht das Schiff. Das betraf die Brigantine MARY CELESTE und den dänischen Dampfer VICTORIA. Das zuletzt genannte Schiff trieb im Dezember 1891 ohne Besatzung auf die polnische Küste, während die Brigantine 1872 völlig intakt auf dem Weg von New York nach Genua zwischen den Azoren und Gibraltar verlassen angetroffen wurde. Zum Schicksal ihrer Besatzung gab es nicht den geringsten Hinweis, während die Seeleute der VICTORIA eine Flaschenpost warfen, die daraufhin gefunden wurde. Die Besatzung hatte offensichtlich das Stehvermögen ihres Dampfers unterschätzt und bezahlte das mit ihrem Leben. Für beide Besatzungen galt das Seemannswort ***Ver-***

lasse niemals das Schiff, ehe das Schiff dich verlässt, auch wenn die Einschätzung des richtigen Zeitpunkts zum Verlassen des Schiffes so ungemein schwierig ist.

Die spätere MARY CELESTE läuft als AMAZON in Marseille ein.
[Gemeinfrei (Brigantine Amazon entering Marseilles in November 1861.)]

Gelegentlich genügte auch ein Teil des Schiffes, an dem man sich, um zu überleben, festhalten musste. Im Herbst 1881 sollte die 38 Jahre alte Rostocker Bark LUNA Burntisland an der schottischen Nordseeküste anlaufen, um dort Kohle für ihren Heimathafen zu laden. Ihren Bestimmungshafen erreichte sie nicht. Sie wurde von einem Weststurm an die norwegische Küste getrieben. Da der Segler schon mehr Wrack als Schiff war, hielt der Kapitän auf die Küste Jütlands zu und steuerte das Schiff dort auf den Strand. Von der Brandung wurde es sofort zerschlagen. Diejenigen, die ihr Schiff verlassen hatten, kamen um. Diejenigen, die es nicht verlassen hatten, wurden mit Teilen der Takelage auf den Strand getrieben und dort gerettet. Ungeachtet dessen, dass wir gerade bei den verschollenen Schiffen meistens nicht wissen, wie sich der Seeunfall ereignet hat, so hat er unabhängig davon mit Naturgewalten, Physik (Stabilität) und menschlichen Fehlern zu tun. Joachim Ringelnatz fand für diese Ereignisse die folgenden angemessen Worte:

> *Wenn die Schiffe verschollen geblieben,*
> *untergegangen sind,*
> *fragt niemand mehr: Welcher Wunsch, welcher Wind*
> *hat das Schiff in die Ferne getrieben?*

Fall um

Wie immer bei einem schweren Seeunfall sind die „Experten“ und Märchenerzähler in allen Medien omnipräsent. Das betrifft auch den der koreanischen Fähre SEWOL. Da die „Experten“ schon beim Einordnen solcher Begriffe wie „Rudergänger“, „Steuermann“ und „Wachoffizier“ Schwierigkeiten haben, darf man auch bei darüber hinaus gehenden Erklärungen keine Wunder erwarten. Da wurde über Felsen und enge Fahrwasser (3 sm breit!) fabuliert. Mich überraschte bei diesen Aussagen, dass am Unterwasserschiff der Fähre weder Loch noch Beule zu erkennen war. Die Untersuchungen der Küstenwache ergaben u. a., dass die Fähre dreifach überladen und die Ladung nicht entsprechend den Regeln guter Seemannschaft gesichert war. Außerdem war viel zu wenig Ballast zur Gewährleistung der Stabilität an Bord. Ausgelöst wurde das Kentern des Schiffes durch eine plötzliche Kursänderung nach Steuerbord.

Im transpress Lexikon Seefahrt (1981) wird das Kentern oder das Umfallen eines Schiffes folgendermaßen beschrieben: „Unbeabsichtigtes Umschlagen eines Schiffs infolge ungenügender statischer oder dynamischer Stabilität, meistens hervorgerufen durch innere oder äußere Kräfte, z. B. Übergehen von Ladung, freie Oberflächen, Winddruck, Stabilitätsverlust im Seegang.“

Ob Schiffe die Neigung haben zu kentern, beeinflussen Konstrukteur und Bauwerft entscheidend. Von den Schiffen, die ich führte, waren die Typ-IV, Typ-XD- und die Saturn-Schiffe der Warnowwerft in Warnemünde sehr stabil, während die Typ-X- und Merkator-Schiffe der gleichen Werft bei den ranken Schiffen einzuordnen waren. Sie erforderten deshalb eine sehr sorgfältige Behandlung und eine diesen Mangel berücksichtigende Stauung der Ladung. Bei aller Sorgfalt gelingt es dem Kapitän mit seinen Offizieren nicht immer, die damit verbundenen Probleme zu lösen. Das traf auch auf Kapitän und Besatzung der Rostocker FIETE SCHULZE zu.

Die FIETE SCHULZE der DSR im Jahre 1966

Der Frachter hatte im September 1967 in Rotterdam 8000 t Eisenmasseln für Japan geladen. Entsprechend den Empfehlungen der Werft ließ er die Ladung in die Unterräume und Zwischendecks stauen, wo sie lose, aber gleichmäßig verteilt lag. Der Kapitän folgte den von der Reederei akzeptierten Stauempfehlungen. Ein gutes Gefühl hätte ich dabei nicht gehabt, weil mich die Masseln im Zwischendeck beunruhigt hätten. Verursacht wurde das Kentern des Schiffes am 21. September 1967 im Atlantik, weil der Kurs des Kapitäns das Schiff in ein begrenztes Gebiet mit Kreuzsee führte und das Schiff in Resonanzschwingungen kam. Von der 42-köpfigen Besatzung blieben 14 auf See.

Zum Kentern führende Stabilitätsprobleme hat es immer in der Schifffahrt gegeben. 1861 wurde in Wismar der Schoner MERCUR gebaut. Weil er sehr rank war, hieß er in Wismar „Fall um". Für die empfindlichen Segelschiffe waren die folgenden Seemannssprüche deshalb ganz besonders von Bedeutung: ***Macht die Segel nicht zu groß für eure Schiffe*** und ***Besser die Segel einholen als kentern.***

Am 11. August 1957 verließ die Viermastbark PAMIR unter der Führung von Kapitän Johannes Diebitsch Buenos Aires, um nach Hamburg zurückzukehren.

Die PAMIR (John Oxley Library, State Library of Queensland) unter finnischer Flagge und voller Beseglung – [Bild gemeinfrei]

Das Schiff hatte in „Baires" eine Ladung loser Gerste übernommen, die nicht von fachkundigen Stauern, sondern von Soldaten und Besatzungsmitgliedern des Seglers gestaut worden war, weil die Stauer streikten. Das war ein gefährliches Unterfangen, weil sich Gerste wie Wasser in einem Laderaum bewegt, wenn nicht Getreideschotten und eine möglichst vollständige Füllung des Raumes bis zwischen die Decksbalken dies verhindern. Die Bewältigung dieser physisch höchst anfordernden Aufgabe von Neulingen in der Seefahrt zu erwarten, war außerordentlich leichtfertig, zumal ich in keinem Bericht gelesen habe, dass sich Diebitsch persönlich darum gekümmert hätte. In seiner geliebten weißen Uniform ging das wohl auch schlecht. Das war bei dieser gefährlichen Ladung, deren Beförderung von vielen alten Segelschiffskapitänen abgelehnt wurde, aber geboten. Dass das Schiff auf vorherigen Reisen Stabilitätsprobleme gehabt hatte, muss Diebitsch gewusst haben. Dabei spielte der Tieftank eine ganz wichtige Rolle. Sein Vorgänger Kapitän Eggers war auf einer Ausreise Falmouth als Nothafen angelaufen, um in dem Tank gestaute Fässer zu löschen und den Tank mit Wasser zu füllen. Diese Maßnahme verbesserte die Stabilität des Seglers erfolgreich. Diebitsch nutzte diese Erkenntnis nicht und ließ die Beladung dieses Tanks mit Gerste zu. F. W. Nietzsche hat die folgenden bemerkenswerten Worte geprägt:

> ***Das Tragische an jeder Erfahrung ist,***
> ***dass man sie erst macht,***
> ***nachdem man sie gebraucht hätte.***

Im Falle der PAMIR hatte Eggers die Erfahrung aber vor Diebitsch gemacht. Diebitsch musste sie also kennen und nutzen, um die Sicherheit des ihm anvertrauten Schiffes sowie der Besatzung zu gewährleisten. Für den letzten Reiseabschnitt der PAMIR heißt es dann in der Regel: „Am 21. September 1957 geriet die Pamir etwa 600 Seemeilen (ca. 1100 km) westsüdwestlich der Azoren in den Hurrikan ‚Carrie'". Das Schiff „geriet" nicht in das schwere Wetter, sondern die Wahl des vom Kapitän gewählten Kurses sowie der von ihm angewiesene Umfang der gesetzten Segel war dafür verantwortlich, dass die Viermastbark dem Hurrikan unnötig nahe kam. Offensichtlich kannte Diebitsch nicht die beiden schon zitierten Seemannssprüche, denn sonst hätte er sein Schiff rechtzeitig unter Sturmsegel gebracht. Damit wäre er auch dem Sprichwort ***Voraussicht heißt leiten*** gerecht geworden. Seine Schiffsführung kostete 80 von 86 an Bord

befindlichen Seeleuten das Leben, darunter alle Offiziere. Er selbst blieb auch auf See.
Bei den Schiffen unserer Zeit ging und geht es nicht um die Segelführung, trotzdem erfordern viele von ihnen Erfahrung, Wissen und Vorsicht, die einfach zur notwendigen Seemannschaft der Besatzungen gehören, wenn sie ihre Reisen sicher bewältigen wollen. Ich habe es immer gehasst, wenn Seeleute leichtfertig oder gewagt agierten, wenn sie ***mit dem Feuer spielten***. 1979 wurde das RoRo-Schiff ZENOBIA (8920 BRT) in Malmö für eine Reederei in diesem schwedischen Hafen gebaut.

Das RoRo-Schiff ZENOBIA mit schwerer Schlagseite auf der Reede von Larnaca

RoRo-Schiffe waren in jener Zeit mit vielen Problemen behaftet und verlangten deshalb eine Besatzung, die sehr gut ausgebildet und in diesem Metier erfahren war. Das war die Besatzung der ZENOBIA offensichtlich nicht. Es war den Seeleuten bekannt, dass ihr Schiff in aufrechtem und leerem Zustand nicht stabil war. Daran waren Werft und Auftraggeber schuld, die während des Baus des Schiffes eine Reihe von Veränderungen zum Nachteil der Stabilität des Frachters vorgenommen hatten. Das Schiff wurde auf der Route Koper – Tartus, eingesetzt. Ausgangspunkt für den Verlust des Schiffes war, dass ein Wachoffizier während der Fahrt einigen Lkw-Fahrern mit Rudermanövern die Manövrierfähigkeit des Schiffes demonstrieren wollte. Das Ruder soll auf „Hart Steuerbord“ liegen geblieben sein. Hier hatte wieder einmal ein Seemann, um sich hervorzutun, ***mit dem Feuer gespielt***. Die ZENOBIA bekam eine schwere Schlagseite, wurde nach Larnaca geschleppt und kenterte dort im Juni 1980 überraschend während der Bergungsarbeiten auf der Reede des Hafens. Durch diesen Seeunfall wurde einmal mehr ein weiterer alter Seemannsspruch bestätigt: ***Das Schiff hängt stärker ab vom Steuer als das Steuer vom Schiff.***

Wenn sich Schiffe *küssen*

Kollisionen gehören in der Schifffahrt zum Alltag. Schon vor Jahrhunderten sagten die Chinesen: ***Selbst auf dem weiten Meer stoßen manchmal Dschunken zusammen***. Die Konsequenzen reichen von kleineren Farbschäden bis hin zu Katastrophen. An einer der berühmtesten Kollisionen nach dem Zweiten Weltkrieg war das spätere Rostocker Urlauberschiff VÖLKERFREUNDSCHAFT beteiligt. Als STOCKHOLM kollidierte sie im Sommer 1956 nahe Nantucket Island mit dem italienischen Passagierschiff ANDREA DORIA, das dann sank. Das schöne italienische Passagierschiff war auf dem Weg nach New York, während die spätere „V1“ von dort kam. Die Sicht war schlecht, verbesserte sich kurzzeitig, um dann sehr schlecht zu werden. Der italienische Kapitän verringerte die Geschwindigkeit seines Schiffes von 23 auf 21,8 kn, was nicht einmal halbherzig war. Die Ironie dieser Geschichte ist, dass es ohne diese Herabsetzung der Geschwindigkeit sehr wahrscheinlich keine Kollision gegeben hätte, weil sich die beiden Schiffe dann in einem Gebiet mit relativ guter Sicht getroffen hätten. So verloren 47 Passagiere und Seeleute des Italieners und fünf schwedische Seeleute ihr Leben.

Ein Schwesterschiff der DONA PAZ, die 1997 Feuer fing und später abgebrochen wurde, war die PHILIPPINE PRINCESS

Zu den Katastrophen auf See zählt der Seeunfall der philippinischen Fähre DONA PAZ. Sie kollidierte am 20. Dezember 1987 in der Nähe der Insel Mindoro mit den Tanker VECTOR. Nach der Kollision ereignete sich eine Explosion, gefolgt von einem Brand. Von der Fähre überlebten 24 Personen und vom Tanker 2 Seeleute. Die philippinischen Behörden, die nicht gerade für gründliche Untersuchungen und vertrauenswürdige Zahlen bekannt sind, beziffern die Anzahl der Toten auf 4.317. Damit ist dieser Seeunfall der größte, der sich je in Friedenszeiten ereignet hat. Die Ursachen, die das Auftreten dieser Katastrophe erst ermöglichten, werden uns immer wieder begegnen. Zu ihnen gehörten:

- eine unaufmerksame Wache und die unzureichende Analyse der Situation,
- zu hohe Geschwindigkeit sowie
- das Unterlassen rechtzeitiger und energischer Ausweichmanöver.

Das Wendebecken am Waltershofer Hafen,
von dem man früher in den Griesenwerder Hafen kam

Die Leute, die auf den Brücken beider Schiffe waren, kann man weder als Seeleute noch als Profis bezeichnen. Frank Tyger, ein amerikanischer Journalist, hat das folgende Wort zum Professionalismus geprägt: ***Professionalismus ist, dass man weiß, wie und wann man es tun muss und dass man es tut.*** Die Offiziere auf den Brücken der beiden Schiffe versagten völlig. Diese hohe Kunst wird ***niemandem in die Wiege gelegt.*** Man geht zur Seefahrtschule und hört mehr oder weniger konzentriert bei der Erläuterung der Kollisionsverhütungsregeln zu. Einen erheblichen Anteil daran, wie gut man sie versteht, haben Lehrer oder Dozenten. Mancher von ihnen kann die Regeln sehr anschaulich erläutern. Als ich das erste Mal in Wustrow die Seefahrtschule besuchte, demonstrierte unser Lehrer ein Rückwärtsmanöver, indem er „Tüt, tüt, tüt" sagte, rückwärtsging und mit seinem Achtersteven im Papierkorb landete. Dabei entstand nicht einmal eine Farbabschürfung. Die Besatzung der VECTOR hatte einen derartig eindrucksvollen Unterricht offensichtlich nicht erhalten. Während der Untersuchung des Seeunfalls stellte sich heraus, dass ihre Qualifikation nicht den Vorschriften entsprach. Jeder nautische Offizier darf sich glücklich schätzen, wenn er gleich zu Beginn seiner Karriere durch Ereignisse, die zu keinem oder zu geringem Schaden führen, eindrucksvoll auf mögliche Gefahren hingewiesen wird. Die zu hohe Geschwindigkeit der DONA PAZ und VECTOR habe ich schon erwähnt. Sie spielt bei Kollisionen eine große Rolle. Die britischen Seeleute haben dazu den folgenden eindrucksvollen Spruch geprägt:

> ***Bedenke immer:***
> ***Jeder Narr kann ein Schiff in Fahrt bringen,***
> ***aber es braucht mehr als Weisheit,***
> ***die Fahrt rechtzeitig wieder herauszubekommen.***

Diesen Spruch musste ich gleich zu Beginn meiner Karriere als Kapitän auf mich beziehen. Nach meiner Beförderung zum Kapitän im Sommer 1971 verließen wir auf dem Weg nach Indien Rostock. Als ersten Hafen lief ich mit der SCHWERIN Hamburg an.

MS SCHWERIN beim Zuckerladen im kubanischen Hafen von Tanamo

Damals fühlte ich mich in Hamburg besonders wohl, da wir auf den meisten Reisen am Diestelkai im Griesenwerder Hafen anlegten. Der Griesenwerder Hafen wurde inzwischen zugeschüttet, womit „mein“ Kai verschwand. Wenn man den Diestelkai ansteuern wollte, musste man kurze Zeit nach der Übernahme des Hafenlotsen nach

Steuerbord in den Parkhaven eindrehen und von dort die SCHWERIN weiter in den Griesenwerder Hafen dirigieren. Da wir noch in Ballast fuhren, hatte der ältere Lotse einen für die damalige Zeit weiten Weg bis auf die Brücke. Als er dort ankam und mich Grünschnabel vorfand, schnauzte er mich an, ob ich meine Meinung geändert habe und lieber an den Landungsbrücken anlegen wolle, denn bis dahin hätten wir ja noch ein bisschen Zeit, die Fahrt der SCHWERIN zu verringern. Wir stoppten das Typ-IV-Schiff auf und legten planmäßig am Diestelkai an. Mir war der Anraunzer der Lotsen aber eine bleibende Warnung. Fahrt aufnehmen kann man immer, aber ein Schiff rechtzeitig aufzustoppen, ohne den Chief in Angst und Schrecken zu versetzen, ist eine andere Angelegenheit.

Auf der Reise hatte ich dann doch noch meine erste Kollision. Wir liefen in der Nacht Rotterdam an. Unser Liegeplatz befand sich im Waalhaven, ein für den Landgang der Besatzung sehr günstiger Hafenteil. Es war damals üblich, dass wir unmittelbar vor der Pier drehten und über den Achtersteven unseren Liegeplatz ansteuerten. Da das Wetter gut war, stellte das Manöver auch in der Nacht keine außergewöhnlichen Anforderungen an uns. Ich sah am Pierkopf einen chinesischen Frachter liegen. Längsseits von ihm konnte ich zwei Binnenschiffe erkennen. Während wir den Platz zum Drehen des Schiffes ansteuerten, bemerkten der Dritte auf der Back und ich gleichzeitig ein drittes Binnenschiff längsseits des COSCO-Liners. Da dieses Binnenschiff unbeleuchtet war, sahen wir es zu spät. Das Aufstoppen der SCHWERIN verhinderte nicht, dass unser überhängender Vorsteven das Ruderhaus des Kahns etwas verschob. Am nächsten Morgen ging ich an Bord und fotografierte den Schaden. Dabei gab der Führer zu, dass sein Binnenschiff nicht beleuchtet gewesen war. Das Schlimmste für ihn und seine Frau war nicht der Schaden am Ruderhaus, sondern dass das Kaffeegeschirr kaputt gegangen war. Deswegen beschwerte sich die Frau des Führers mehrmals bei mir. Mich betrübte das nicht weiter. Ich war froh, dass ihr Mann sofort zugegeben hatte, dass sie keine Lichter gesetzt hatten. ***Damit war ich aus dem Schneider***.

Die Risiken eines Zusammenstoßes der immer größer werdenden Schiffe werden unkalkulierbar. Da kann man ***es schon mit der Angst zu tun bekommen***. Ein eindrucksvolles Beispiel veröffentlicht die britische

Fachzeitschrift Seaways auf ihren Seiten mit Meldungen zu Unfällen oder Beinahe-Unfällen. Die folgende hat die Bezeichnung MARS 200726:

Schule zur Kollisionsverhütung auf UKW

Eines Abends wurde an einem wunderschönen Sommerabend bei perfekter Sicht in einer engen Straße im Mittelmeer das folgende Gespräch auf UKW zwischen einem Tanker und einem Stückgutschiff verfolgt. Der Tanker hatte den Frachter Backbord voraus bei leicht kreuzenden Kursen. Da der Tanker nach den Kollisionsverhütungsregeln der Kurshalter war, der ausweichpflichtige Frachter aber nichts unternahm, um die drohende Kollision zu verhüten, rief der Tanker den Frachter auf Kanal 16 an. Auf den ersten Anruf erfolgte keine Reaktion. Nach dem zweiten Anruf entwickelte sich folgendes Gespräch:

Tanker: Was sind Ihre Absichten?

Frachter: Das Beibehalten von Kurs und Geschwindigkeit.

Tanker: Aber Sie sind an meiner Backbordseite, Sie müssen den Kurs ändern.

Frachter: Mein Kapitän hat mir aber befohlen, meinen Kurs einzuhalten.

Tanker: Gehen wir zurück zur Schule, mein Freund. Sie sind an meiner Backbordseite, Sie sind das ausweichpflichtige Fahrzeug. Sie müssen Ihren Kurs ändern.

Frachter: Ich muss meinen Kurs ändern?

Tanker: Ja, Sie müssen Ihren Kurs ändern.

Frachter: Das muss ich meinem Kapitän berichten.

Es folgte eine Stille von etwa einer Minute auf dem Kanal.

Tanker: Oh mein Freund, halten Sie Ihren Kurs. Ändern Sie nicht Ihren Kurs. Ich werde meinen Kurs ändern. Ändern Sie nicht Ihren Kurs.

Frachter: Okay, halte meinen Kurs.

Der Wachoffizier dieses Schiffes hatte offensichtlich nicht nur keine Ahnung von Seemannschaft und den Kollisionsverhütungsregeln, sondern kannte auch nicht die folgenden Worte des chinesischen Philosophen Laozi (Laotse): ***Verantwortlich ist man nicht nur für das, was man tut, sondern auch für das, was man nicht tut***. Dieser Spruch gilt auch für die Kollision der beiden DSR-Frachter SCHWEDT und FRITZ REUTER am 9. Juli 1976 in der südlichen Nordsee am helllichten Tag bei einer Sicht von ca. 6 sm.

Der Vorsteven der FRITZ REUTER nach der Kollision mit der SCHWEDT

Die Sicht war damit nicht sehr gut, aber mehr als ausreichend. Der Tanker SCHWEDT war der Kurshalter und das Kühlschiff das ausweichpflichtige Fahrzeug. Der Wachoffizier des Tankers beobachtete das Kühlschiff sowohl mit dem Radar als auch optisch. Der „Bananen-Jäger" machte keine Anstalten, seiner Ausweichpflicht nachzukommen. Der Wachoffizier des Tankers änderte den Kurs seines Schiffes um 5 Grad nach Steuerbord, um dem Kollegen etwas Raum zu geben. Bei seinen Überlegungen spielte auch der internationale Brauch, dass sich Schiffe der gleichen Reederei dichter als sonst üblich passierten, um sich gegenseitig zu grüßen, eine Rolle. Er warnte die FRITZ REUTER mehrfach mit dem Typhon. Nichts tat sich auf der Brücke des Kühlschiffes. Der Wachoffizier des Tankers war mit der Situation überfordert. Nachdem er das Typhon drei Mal bedient hatte, kam der Kapitän, der geschlafen hatte, auf die Brücke und sah das Kühlschiff mit hoher Fahrt in einer Entfernung von fünf bis sechs Kabellängen (ca. 1 km) auf sein Schiff zukommen. Mit „Hart Steuerbord" leitete er ein Manöver des letzten Augenblicks ein, auch wenn dieser Augenblick schon vorbei war. Ihm wurde sofort bewusst, dass der Steven des Kühlschiffes die Öltanks des Schiffes aufreißen würde. Deshalb befahl er „Hart Backbord", um das Achterschiff vom Steven des Kühlschiffes wegzudrehen, aber es half nicht mehr. Für erfolgreiche Manöver war es einfach zu spät. Die entscheidende Frage, was der Wachoffizier des Kühlschiffes gemacht hatte, konnte weder im Verlaufe der Seekammerverhandlung noch vor dem Kreisgericht geklärt werden. Nach seinen Aussagen war er auf der Brücke oder im Kartenraum gewesen und hatte die Fahrt des Schiffes überwacht. Das war von der Wahrheit weit entfernt. Der Spruch ***Der Wahrheit ins Gesicht schlagen*** traf den Kern. Ein chinesischer Spruch gab sehr wahrscheinlich eine Erklärung für das, was sich auf der Brücke abgespielt hatte. Belegt ist, dass sich sowohl die Ehefrau des Zweiten als auch die Chefstewardess zumindest zeitweilig auf der Brücke aufgehalten hatten. Die Chinesen sagen in so einem Fall: ***Wo sich der Hahn aufhält, ist die Henne nicht fern.*** Der Wachoffizier könnte seine Aufmerksamkeit den Damen wesentlich stärker als dem ihm anvertrauten Schiff geschenkt haben.

Die Kapitäne und nautischen Offiziere wissen, dass es Kollisionsverhütungsregeln gibt. Meistens kennen sie die auch. Mit der korrekten Auslegung der Regeln hatten und haben aber viele ihre Probleme. Das hat eine sehr lange Tradition in der Schifffahrt. Ein Problem ist die Geschwindigkeit. Den folgenden Spruch der angelsächsischen Seeleute sollten die Seeleute nicht nur kennen, sondern auch beherzigen: ***Wenn Du in Eile bist, fahre langsam; wenn Du in großer Eile bist, fahre ganz langsam.*** Die zu hohe Geschwindigkeit und ein mögliches Backbordmanöver kann man als ***Ur- oder Erbsünde*** einer soliden Seemannschaft betrachten.

Ein solches Manöver beendete die bis dahin glanzvolle Karriere eines der intelligentesten Kapitäne, mit denen ich gefahren bin. Als ich im Herbst 1971 von meiner ersten Reise als Kapitän mit der SCHWERIN von Indien zurückkam, wartete mein früherer Kapitän Helmut Klewe schon mit der sich auf Jungfernreise befindenden KARL MARX auf der Reede von Dakar.

Der Schnellfrachter KARL MARX in Fahrt

Ich sollte von ihm einen Werftingenieur abholen und ihn mit nach Hause nehmen. Ich gratulierte ihm zu seinem neuen prestigeträchtigen Schnellfrachter, aber die mit diesem Kommando verbundene Glorie erlosch schnell und endete für ihn nach dem Wort von Marie von Ebner-Eschenbach:

Du kannst so rasch sinken,
daß du zu fliegen meinst.

Am 26.12.1971 sollte er mit seinem Schiff Yokohama anlaufen. Auf dem Weg zur Ansteuerung kam der KARL MARX ein japanischer Tanker entgegen, den die Brückenwache im Radar beobachtete. Bei einer Entfernung von fünf bis sieben Kabellängen tauchte er aus dem Nebel auf. Kapitän und Wachoffiziere erkannten die Steuerbordseite des Schiffes und schlussfolgerten daraus, dass der Tanker ihren Bug von Backbord nach Steuerbord kreuzen würde. Das hatte der Führer dieses Schiffes aber nicht vor. Er änderte den Kurs, wie es die Kollisionsverhütungsvorschriften verlangen, nach Steuerbord. Kapitän Klewe änderte seinen Kurs entgegen den Richtlinien nach Backbord. Die Seekammer und die Große Seekammer kamen zu der Auffassung, dass er die Hauptschuld an dem Seeunfall trug. Es war für mich nicht leicht, und für ihn garantiert auch nicht, dass er mir in der Warnowwerft für die SCHWERIN, die er auch einmal als Kapitän geführt hatte, als Zweiter Offizier zugeteilt wurde. Wir hatten ein sehr intensives Gespräch, das mir in guter Erinnerung geblieben ist. Das Schicksal hat ihm keine Gelegenheit gegeben, seinen Fehler zu korrigieren. Er starb einige Zeit nach seiner Degradierung. Die Menschen an den deutschen Küsten formulieren es in einem solchen Fall mit ihrer Sprache etwas freundlicher. Sie sagen: *Nach hohen Fluten kommen tiefe Ebben*.

Eine kleine Klippe kann ein großes Schiff zum Scheitern bringen

Das Lexikon Seefahrt von 1981 definiert den Begriff „Strandung" folgendermaßen: „Mit einem Schiff unbeabsichtigt auf Grund laufen, meistens durch Strom und Wind verursacht, wenn das Schiff nicht mehr voll manövrierfähig ist." Das ist für die Seeleute eine sehr freundliche Definition, denn alle Analysen der letzten Jahrzehnte zeigen, dass Strom und Wind selten zur Entlastung des Kapitäns oder Wachoffiziers für ein solches Ereignis verantwortlich gemacht werden können.

Es gibt eine Klippe, genauer eine Reihe von Riffen, die vielen Seeleuten bis in die heutige Zeit enorme Probleme bereitet. Diese Riffe befinden sich in der Straße von Tiran und spielen in der Geschichte der Rostocker Schifffahrt eine besondere Rolle. Das erste Schiff mit Rostocker Wurzeln, das dort verloren ging, war die MARIA SCHRÖDER. Die Reederei Richard Schröder war einst in Rostock zu Hause gewesen. Sie hatte aber nach 1945 keine Möglichkeit mehr gesehen, in Rostock ihren Betrieb wieder aufzubauen und war nach Hamburg gegangen. Am 11. April 1956, kurz nach Mitternacht, lief das 36 Jahre alte Schiff in einem Sandsturm der Stärke 8 bis 10 nördlich von Scharm El-Scheich auf Grund und ging verloren. Der Frachtdampfer kam ohne Ladung aus Aqaba. An den Seeleuten dieses und der folgenden Schiffe ist das Sprichwort *Man kennt die Klippe, nachdem das Schiff darauf gestoßen ist* offensichtlich völlig vorbeigegangen.

Die ALEXANDER SCHRÖDER im Großen Bittersee des Suezkanals

Die LOULLIA ex ZSCHOPAU lief am 29. September 1981 in Ballast auf dem Weg von Aqaba nach Suez auf das Gordon Riff und blieb dort, aus einiger Entfernung unversehrt erscheinend, liegen. Erst wenn man den früheren DSR-Frachter ziemlich nah passierte, erkannte man, dass die Bordwand mit der Zeit in der Wasserlinie weggerottet war. Der Stückgutfrachter war ein hervorragendes Radarziel bei der Passage der Straße von Tiran bei Scharm El Scheich. Ein weiteres Sprichwort hätte den Kapitän der GLEICHBERG warnen und ihm helfen sollen, als er am 13. August 1982 mit der GLEICHBERG auf ihrer Jungfernreise die Straße auf dem Weg nach Aqaba passieren wollte. Das Sprichwort heißt: ***Ein Wrack ist das zuverlässigste Seezeichen***. Zugutehalten muss man ihm, dass er diese Gewässer zum ersten Mal befuhr und er dieses beeindruckende Wrack noch nicht gesehen hatte. Da dem Schiff auf Aqaba-Reede ohnehin eine längere Wartezeit bevorstand, hätte er mit der Passage bis zum Sonnenaufgang warten können. Von der Reederei wäre kein Einwand gekommen.

Die frühere ZSCHOPAU, die als LOULLIA auf Gordon Riff strandete

Die von der CONTSHIP HARMONY durchtrennte frühere ZSCHOPAU

Die von der früheren ZSCHOPAU ausgehende Warnung wäre für ihn deutlich sichtbar gewesen, und er wäre nicht um 3.38 Uhr auf das Riff aufgelaufen. Zwei Jahre später gelang es der Besatzung eines weiteren ehemaligen Rostocker Frachters nicht, die Riffe in der Straße von Tiran zu vermeiden. Vielleicht wollte und sollte er dies auch gar nicht. Die ZINGARA, die 1963 von der Neptun-Werft in Rostock als KORMORAN an die DSR übergeben worden war, fand zwei Jahre nach der GLEICHBERG ihr Ende auf dem Lagoona Riff. Sie hatte schon Erfahrung mit schweren Grundberührungen. Am 25. Februar 1976 strandete sie bei der finnischen Insel Isokari. Sie wurde abgebracht, in Stralsund außer Dienst gestellt und dann in beschädigtem Zustand verkauft. Seit 1980 war sie als ZINGARA für eine Reederei aus Neapel im Einsatz. Sie kam mit einer Ladung Phosphat von Aqaba, als sie auf der saudi-arabischen Seite der Straße von Tiran, wo sie überhaupt nichts zu suchen hatte, mit voller Fahrt strandete und verloren ging. Mehr als berechtigt sind die in Schifffahrtskreisen angestellten Spekulationen zu einem Versicherungsbetrug bezüglich dieses Seeunfalls. Auch für den Kapitän der 1997 auf der Warnowwerft in Rostock-Warnemünde gebauten CONTSHIP HARMONY war das Wrack keine ausreichende Warnung, als er am 14. August 1999 nicht nur auf das Riff lief und – ein mehr als bemerkenswertes Ergebnis seiner Aktion – dieses durchpflügte sowie die alte ZSCHOPAU durchtrennte. Das mit 31 207 BRZ vermessene Schiff befand sich auf der Reise von Aqaba nach Dubai. Das Seeamt in Bremerhaven kam zu dem Schluss, „dass der Kapitän nach Übernahme ab 22 Uhr nicht in dem erforderlichen Maße Kurs- und Positionsbestimmungen vorgenommen und nicht alle Navigationsmittel benutzt hatte“. Diese Beispiele belegen eindrucksvoll den Spruch: *Schiff und Riff werden niemals Freunde*.

Anstatt auf einem Riff konnte ein glücklicher Kapitän mit seinem Schiff auch auf der grünen Wiese ankommen. Das gelang dem Kapitän der Rostocker Brigg SCHILLER, als sie im März 1874 in der Elbe vor Anker lag. Dort brachen beide Ankerketten in einem NW-Sturm, wodurch das Schiff unversehrt auf den Wiesen vor Otterndorf landete. Vier Monate später gelang es endlich einem Schlepper, das Schiff wieder seinem natürlichen Element zu übergeben. Ein lästiger Nebeneffekt dieser erfolgreichen Bergung war, dass das zwischen dem Kapitän und seiner Frau sowie den Einwohnern der Region intensiv entwickelte menschliche Miteinander beendet wurde.

Die in Rostock-Warnemünde gebaute CONTI HARMONY (ex CONTSHIP HARMONY) auf der Elbe

Im Panchatantra, einem Buch indischer Lebensweisheit, findet sich der Spruch: ***Bevor der Mensch etwas nicht genau gesehen und gehört und es nicht sorgfältig erkundet und überprüft hat, handle er nicht.*** Dieser Spruch lässt aber auch den Umkehrschluss zu, dass man, um handeln zu können, vorher sorgfältig prüfen muss. Das taten jedoch weder Kapitän noch Offiziere des Tankers SICHEM OSPREY. Am 10. Februar 2010 um 4.36 Uhr Ortszeit strandete der Chemikalientanker auf dem Weg von Panama nach Ulsan in Südkorea mit einer Geschwindigkeit von 16 Knoten auf dem nordöstlichen unbewohnten Teil von Clipperton Island. Obwohl der Wachoffizier und ein Ausguck auf der Brücke waren, verhinderten sie die Strandung nicht. Die ersten 100 m des Schiffes liefen auf das Riff des Atolls auf. Das Atoll, das zu Französisch-Polynesien gehört, weist keinen Leuchtturm und auch keine Tonnen auf, aber ein aufmerksamer Wachoffizier kann es nach französischen Angaben auf eine Entfernung von 14 Seemeilen mit dem Radar erfassen. Um 3.55 Uhr kam der ukrainische Erste Offizier auf die Brücke, um die Wache zu überneh-

men. Eine Minute später sah er auf dem Radarbildschirm ein geplottetes Echo. Der Zweite teilte ihm mit, dass das wahrscheinlich eine Regenwolke sei. Dann ließ sich der Erste in einem Stuhl an Steuerbord nieder, um eine Zigarette zu rauchen und seinen ersten Kaffee zu trinken. Die Anzeigen des Radar- und ECDIS-Bildschirms konnte er von diesem Platz aus nicht einsehen. Der Zweite beendete um 3.57 Uhr die Erfassung dieses Echos durch das Radar. Dadurch verhinderte er einen möglichen Alarm durch das Radar, wenn sich das Schiff diesem Echo bedrohlich annäherte. Um 4 Uhr verließ der Zweite die Brücke. Der Erste machte sich keine Gedanken über die Radaranzeige. Er kontrollierte auch nicht die Position des Schiffes im ECDIS oder in der Seekarte. Er sprach kurz mit dem Ausguck und ging mit einem weiteren Kaffee zu seinem Sessel zurück. Um 4.36 Uhr strandete das Schiff mit Voll Voraus auf dem Riff, denn die Regenwolke war in Wirklichkeit ein Atoll. Glücklicherweise kam es zu keiner Umweltverschmutzung. Nachdem das Schiff zwei Mal geleichtert worden war, konnte es am 6. März mit der Hilfe von zwei Schleppern aus seiner misslichen Lage befreit werden. Die französische Untersuchung kam zu dem Schluss, dass der Erste in der ersten halben Stunde seiner Wache vor allem mit dem Aufwachen beschäftigt gewesen war. Gute Seemannschaft verlangt, dass man rechtzeitig auf die Brücke kommt, um bei Wachantritt für die Übernahme der Verantwortung bereit zu sein. Der Chief mate versagte bei der Einhaltung der Regeln guter Seemannschaft völlig. Das tat auch der Zweite, der die „Wolke“ nicht überprüfte. Wenn er das Radarecho mit der Position seines Schiffes und des Atolls in Übereinstimmung gebracht hätte, wäre die Situation sofort klar geworden. Außerdem war der von ihm in die Seekarte und in das ECDIS eingetragene Kurs viel zu dicht an dem Atoll. Keiner der anderen Offiziere erhob dagegen einen Einwand, nicht einmal der Kapitän, der den Kurs akzeptierte.
Sein „Meisterstück“ legte der Wachoffizier der ALVA STAR am 3. Oktober 2002 ab. Er ließ sein 2987-TEU-Containerschiff mit voller Fahrt gegen die 100 m hohe Felswand der griechischen Insel Zakynthos laufen. Obwohl er seine Augen sehr fest geschlossen hatte, traf er mit dem Wulstbug die einzig dafür geeignete Stelle. Das Schiff erlitt erstaunlich geringe Schä-

den an seiner „Birne“. Nachdem es geleichtert worden war, konnte es aus seiner misslichen Lage befreit werden.

Aus einem kleinen Funken kann eine große Flamme entstehen

In der Schifffahrt kennen wir hauptsächlich Brände, aber auch Feuer. Der Unterschied ist, dass „Brand“ als eine unkontrollierte und ungewollte Verbrennung definiert wird, während unter „Feuer“ ein von Menschen ausgelöster Brandvorgang verstanden wird. In der Entwicklung unserer afrikanischen Vorfahren war ein Brand in der Savanne die größte Gefahr. Das hat unsere Veranlagungen in den Genen so geprägt, dass ein Brand oder Feuer, mehr als jede andere Gefahr, die Menschen sehr schnell den Überblick verlieren und in unkontrollierbare Panik verfallen lässt. Das gilt ganz besonders für die Seeleute, die nicht weglaufen können. Die Kunst hat einige dieser Seeunfälle zum Vorbild genommen, um beeindruckende Darstellungen zur menschlichen Angst zu schaffen. Am stärksten hat mich immer eine Lithographie zum Brand der AUSTRIA[3] beeindruckt. Es ist wohl schwer, die Angst der Menschen auf dem am 13. September 1858 durch unvorstellbaren Leichtsinn von Besatzungsmitgliedern in Brand geratenen Raddampfer plastischer darzustellen. Verschlimmert wurde die Katastrophe dadurch, dass der Kapitän den Kopf verlor. Von den 542 an Bord befindlichen Menschen wurden nur 89 gerettet. Das Kulturhistorische Museum in Stralsund besitzt ein Bild, auf dem Seeleute der Barther Bark TRABANT am 11. August 1887 311 Personen von dem in Brand geratenen Postdampfer CITY OF MONTREAL retten. Durch diese ungeheure Anzahl von Menschen auf dem kleinen Segelschiff wurde es fast manövrierunfähig. Das deutsche Sprichwort ***Feuer und Wasser sind zwei gute Diener, aber schlimme Herren*** trifft sowohl auf die bisher erwähnten Seeunfälle als auch auf die Brände auf zwei Rostocker Schiffen zu. Die Besatzungen dieser Schiffe sowie andere aus den Häfen Mecklenburgs und Pommerns kommende konnten solche Seeunfälle nicht verhindern. War die Ladung, wie beispielsweise Kohle oder Ölkuchen, nicht in dem vorgeschriebenen Zustand (Temperatur, Feuchtigkeit) angeliefert worden, hatten sie **schlechte Karten**.

Am 14. Oktober 1960 kollidierten die Tanker WORLD HARMONY und PETER ZORANIC im Bosporus und gerieten dadurch in Brand.

1889 kauften Rostocker Reeder eine britische Bark, die 1863 als Dampfer auf die Welt gekommen war. Auf ihrer zweiten Reise für die Rostocker lud sie Steinkohle in Cardiff, die für Buenos Aires bestimmt war. Es scheint so, dass sich Kapitän Witt nicht übermäßig um die mit dieser „heißen" Ladung verbundenen Gefahren gekümmert hätte. Es fehlten Ventilationsmöglichkeiten, Rohre zum Messen der Temperatur der Kohle, Sicherheitslampen usw. Das ist umso erstaunlicher, da er Frau und Kinder mit an Bord hatte. Im September 1890 begann die Reise. Noch auf der Nordhalbkugel gingen der deutsche Koch und ein amerikanischer Matrose in die Vorderluke, um dort lagernde Kartoffeln zu holen. Als sie unten waren, erfolgte eine Explosion, die sie an Deck schleuderte. Nur Sekunden später folgten Explosionen in der Groß- und Achterluke. In allen Luken brannte die Ladung. Die Flammen griffen auf die Takelage und Deckseinrichtungen über. Die beiden Seeleute hatten schwerste Brandwunden. Der Koch sprang über Bord und der Matrose erlag seinen Verletzungen. Die Bark lief die Azoren als Nothafen an. Auch die Besatzung der 1893 in Rostock registrierten Bark HELMUTH MENTZ musste sich diesem Problem stellen. Für ihre erste Reise unter Rostocker Farben übernahm sie in Newcastle Kohle für Chile. Die Reise begann am 17. April 1893. Nachdem sie Kap Horn umrundet hatte, bemerkte man am 31. Juli Rauch in den Luken. Eine Kontrolle ergab, dass sich die Ladung selbst entzündet hatte. Zuerst versuchte man in der Luke an den Brandherd heranzukommen, aber das führte der brennenden Kohle nur Sauerstoff zu. Dann wurden die Luken geschlossen, um die Sauerstoffzufuhr abzuschneiden. Erfolg konnte diese Maßnahme zu diesem Zeitpunkt nicht mehr haben. Der Kapitän ließ das Schiff Kurs auf die Küste nehmen. Bevor sie sie erreichten, mussten die Seeleute in die Boote gehen. Die beiden Rettungsboote versuchten zusammenzubleiben, was ihnen nicht gelang. Das vom Ersten Offizier geführte Boot erreichte die Küste, das des Kapitäns verschwand spurlos.

Diese und andere Seeunfälle belegen den Spruch ***Ein Haus ist leichter angezündet als gelöscht***.

Auf See passieren Dinge, die weit über das berühmte ***Mit dem Feuer spielen*** hinausgehen. Da wird nicht nur ein wenig gezündelt, da werden richtige Feuer gelegt. Das ist nur schwer zu verstehen, weil auch die Brandstifter mit ***im selben Boot sitzen***. Eine Garantie dafür, dass sie sich ihren Achtersteven nicht verbrennen, gibt es auf einem Schiff nicht. Der Großteil der aufgeklärten Brandstiftungen diente dem Versicherungsbetrug oder der Vertuschung anderer Straftaten (etwa Einbruch, Unterschlagung). Etwa 51 % der Brandstiftungen bleiben unaufgeklärt. Das Feuer auf der Fähre SCANDINAVIAN STAR diente offensichtlich dem Versicherungsbetrug. Die 1971 in Frankreich gebaute Fähre hatte eine bewegte Vergangenheit. Sie war von der US-Ostküste über den Atlantik nach Oslo gekommen, um zwischen der norwegischen Hauptstadt und Frederikshavn eingesetzt zu werden. Alles, was mit dem Schiff zusammenhing, wie Kauf, Verkauf, Reparaturen, Besetzung und Bemannung, Einsatz usw., verlief (bewusst?) chaotisch. Eine Woche vor dem Feuer kaufte Sea Escape die Fähre für 10,3 Mio. US-Dollar und versicherte sie für 24 Mio. Dollar. Nach wenigen Tagen verkaufte Sea Escape sie an den Reeder Henrik Johansen

(DaNo-Linjen), der von vielen als Strohmann für Sea Escape angesehen wurde. Da er aber die Kaufsumme bis zu dem Seeunfall nicht überwiesen hatte, befand sich die Fähre zum Zeitpunkt des Unglücks immer noch im Besitz von Sea Escape. Das Unternehmen bekam dementsprechend auch die Versicherungssumme ausgezahlt. Man könnte vermuten, dass es sich hier um ein organisiertes Chaos handelte, damit Sea Escape nicht mit hohen Schadenersatzansprüchen in den USA belastet werden konnte. Chaotisch war auch das Anheuern einer neuen Besatzung, die sich durch diese Umstände und durch das unzureichende Training an Bord eines ihr nicht vertrauten Schiffes durch die verschiedenen Feuer an Bord als völlig überfordert erweisen sollte. In den Flammen kamen am 7. April 1990 156 Passagiere und 2 Seeleute um. Wie so oft versagten die an der Untersuchung beteiligten Behörden und „Experten“, was bei Brandstiftungen an vier verschiedenen Stellen, verbunden mit Manipulationen am Belüftungssystem, die die Ausbreitung des Feuers und Rauchs förderten, beseitigtem Beweismaterial, und an exponierter Stelle platziertem brennbarem Material für mich selbst eine kriminelle Handlung ist. Zurzeit sieht es so aus, als könnte es einen neuen Anlauf zur Aufklärung dieser Katastrophe geben.
Schon Shakespeare hat in „Heinrich VI.“ mit den Worten ***Leicht wird ein kleines Feuer ausgetreten, das – erst geduldet – Flüsse nicht mehr löschen*** auf ein Problem hingewiesen, das ganz besonders Brände oder Feuer auf Schiffen betrifft. Natürlich spielt dabei eine große Rolle, warum das Feuer nicht ausgetreten wurde. Eines der tragischsten Feuer der bundesdeutschen Seefahrt ereignete sich durch Brandstiftung auf dem Heckfänger VEST RECKLINGHAUSEN. Am 22. August 1970 verließ der Trawler die Weser. Auf der Höhe des Roter-Sand-Leuchtturms zündete ein 17-jähriger Kochsmaat einen Pappkarton an, weil er keine Lust hatte, zur See zu fahren. In einem Bericht in Schiffahrt international/Seekiste (1/71) findet sich folgende Aussage: „Das Feuer wurde zum Brand, der Brand zur Katastrophe, weil alle Voraussetzungen dazu gegeben waren.“ Vor dem Seeamt in Bremerhaven sagte der Brandschutzsachverständige Buhse aus, dass „das Schiff ein gut ausgetrocknetes, schwimmendes Holzlager“ war. Die Wände der Messe und der **Fluchtwege** sowie alle Niedergänge waren mit Holz verkleidet. Die Feuerlöschschläuche in den

Betriebsgängen waren sehr bald nicht mehr zu erreichen, für die Schläuche eines anderen deutschen Schiffes passten die Kupplungen nicht und die Bullaugen waren zu klein, durch sie konnte sich kein Seemann retten. Am Ende waren acht Besatzungsmitglieder tot und drei schwer verletzt. Die Besatzung des Fischereischiffes stand auf verlorenem Posten. Sie war nicht für die Mängel des Schiffes verantwortlich. Das waren die Werft, die Reederei und die Aufsichtsbehörden. Was war das für eine Reederei, die einen offensichtlich gestörten jungen Menschen, der schon zwei Mal Feuer auf anderen Schiffen gelegt hatte, weil er nicht fahren wollte, mit zusätzlicher Heuer animierte, doch noch wieder auf die Reise zu gehen?
Das britische Sprichwort ***Aus einem kleinen Funken kann eine große Flamme entstehen*** steht für viele Feuer und Brände auf den unterschiedlichsten Schiffen. Die Briten nannten die 30er Jahre des vorigen Jahrhunderts „Die flammenden Dreißiger", weil in diesem Jahrzehnt allein 27 Passagierschiffe mit dem Verlust von 336 Menschen brannten.
Die Karriere einer alten „Fähr-Dame" könnte man mit vielen Sprüchen verbinden. Sie war 1970 in Italien für den Verkehr zwischen den Häfen des Landes gebaut worden. Es war ein schönes Schiff. Nach 20 Jahren entsprach es nicht mehr den Anforderungen des Massentourismus. Nach Auffassung der Reederei beförderte es zu wenig Passagiere und Autos. Deshalb wurde es in La Spezia in die Werft geschickt, und aus einem eleganten Schwan wurde ein Monster, weil man die Dimensionen unverändert ließ und die gediegenen Aufbauten durch einen überdimensionierten Kasten ersetzte. In dieser Form sah ich oft die BOCCACCIO und ihre sieben Schwestern, wenn wir mit der SACHSEN in den 90er Jahren des vorigen Jahrhunderts Neapel oder Genua anliefen. Der Umbau rettete die Fähre nicht. Ihre Zeit war abgelaufen, und sie wurde 1999 an die Ägypter verkauft. Das in AL-SALAM BOCCACCIO 98 umbenannte Schiff erhielt neben vielen alten, abgewirtschafteten, miserabel geführten, einst stolzen Fähren sein Gnadenbrot im Roten Meer. Am 3. Februar 2006 sank sie nach einem Brand auf der Reise von Duba, Saudi Arabien nach Safaga in Südägypten.

Die AL-SALAM BOCCACCIO 98 hier noch als BOCCACCIO unter italienischen Farben

Eine Stunde nachdem das Schiff Duba verlassen hatte, wurde an Bord Rauch bemerkt. Ausgangspunkt der Tragödie war wahrscheinlich, dass Passagiere mit Paraffinöfen Mahlzeiten im Wagendeck kochten. Die meisten Leser werden schon mit Fähren gefahren sein und wissen, dass Wagendecks verschlossen sein sollen, was wohl auch auf der NORMAN ATLANTIC nicht der Fall war. Dort mit Feuer, in welcher Form auch immer, zu hantieren, ist für mich eine unvorstellbare Leichtfertigkeit. Das ist nicht nur im übertragenen Sinne ***ein Spiel mit dem Feuer***. Die Situation verschlimmerte sich, weil ein Seemann längere Zeit nicht auf seinem Posten war. Die Besatzung versuchte, den Brand zu löschen. Zwangsläufig musste sie dabei viel Wasser in das Wagendeck pumpen. Auf jedem Schiff ist es von außerordentlicher Wichtigkeit, dafür zu sorgen, dass das Wasser wieder ablaufen kann, weil das Schiff sonst kentert. Auf einem RoRo-Schiff ist diese Gefahr größer als auf jedem anderen Schiffstyp. Da die Speigatten mit Plaste und Papier verstopft waren, gelang das nicht im nötigen Umfang. Der Untergang des Schiffes war so nicht zu verhindern.

Wäre der Seemann an seinem Platz gewesen, hätte der Spruch ***Ein Brand alleine brennt nicht lange*** zutreffen können. So war der eine Brand auf der AL-SALAM BOCCACCIO 98 der eine Brand zu viel. Er kostete über 1000 Menschen das Leben. Die Rettung der ihm anvertrauten Menschen scheint den Kapitän des Schiffes nicht sonderlich berührt zu haben. Er verließ das Schiff vorzeitig. Es wird vermutet, dass er untergetaucht ist.

Das Schwesterschiff LEOPARDIE zeigt die typische Eleganz der früheren italienischen Passagierschiffe vor dem Umbau

Auch bei Bränden auf einem Schiff gilt der folgende wichtige Spruch: ***Verlasse niemals das Schiff, ehe das Schiff dich verlässt***. Bei dem Seeunfall des norwegischen Bulkcarriers ETNEFJELL von 11 481 BRT wurde auf dramatische Weise deutlich, wie gründlich die Besatzung auch während eines Brandes die Gesamtsituation einschätzen muss. Am 31. Oktober 1968 befand sich der Frachter 360 sm südöstlich von Kap Farewell (Grönland). Er kam von Frederikstad, Norwegen und wollte nach Neufundland. Um 2 Uhr kam es zu einer Explosion im Maschinenraum. Der dadurch entstandene Brand zerstörte das ganze Achterschiff und führte zum Tod von sechs Seeleuten. Der Brand beeindruckte die Besatzung so, dass 25 Überlebende in die Boote gingen. An Bord blieben der Kapitän, der Erste Offizier und der Chief zurück. Sie waren die einzigen Überlebenden. In einer solchen Situation muss man alle Faktoren wie den Zustand des Schiffes, Wind und Wetter sowie die Möglichkeiten zur Rettung durch andere Schiffe äußerst gründlich durchdenken. Selbst wenn das ganze Achterschiff ausbrennt, geht das Schiff davon noch lange nicht unter. Das war auch so beim DSR-Bulker MANSFELD, der nahe Lissabon ohne Verschulden der Rostocker Seeleute in Brand geriet, nicht unterging und auf den Strand trieb. Für die Besatzung des Schiffes bestand zu keinem Zeitpunkt Lebensgefahr. Das Wetter bereitete keine besonderen Schwierigkeiten, außer dass es die Flammen durch das Schiff trieb. Nach kurzer Zeit trafen zahlreiche Schiffe beim Havaristen ein, die die Rostocker Seeleute aufnahmen. Mein Kollege blieb mit zwei Besatzungsmitgliedern an Bord und trieb mit dem Schiff auf den Strand, da die Abschleppversuche durch einen portugiesischen Schlepper missglückten.

Die ausgebrannte MANSFELD trieb auf den Strand an der portugiesischen Küste

Für die Seeleute des norwegischen Schiffes war die Beachtung der genannten Maxime wichtiger als für die Rostocker Fahrensleute. Das Wetter lud die Norweger nicht in die Boote ein. Im Spätherbst nahe Grönland ist es nicht gerade warm, der Wind erreichte eine Stärke von Bft. 10 bis 11 und die See immerhin eine Höhe von 7 bis 8 Metern. Die Überlebenschancen der Seeleute waren nach dem Verlassen der ETNEFJELL nicht übermäßig groß. Das Schiff konnte, weil auch Funkraum und Brücke ausgebrannt waren, nicht über Funk um Hilfe rufen. Strom gab es auch nicht mehr an Bord, aber am 2. November sah ein polnisches Fischereischiff in der Nacht die Signale einer Handlampe. Das Schiff änderte den Kurs, um das Signal zu untersuchen. Helfen konnten sie nicht. Bei dem Wetter wagten sie nicht, ein Schlauchboot auszusetzen. Sie setzten aber für die ETNEFJELL ein SOS ab. Der Notruf wurde vom Kutter der US-Küstenwache ABSECON aufgefangen und das RCC (Leitstelle zur Koordination der Seenotrettung) informiert.

Stückgutfrachter brennt auf Reede von Port Said

Während die URAN bei dem Havaristen blieb, machte sich der Kutter auf den Weg zu ihm. Nach einer Untersuchung des Wracks begann die ABSECON mit der Suche nach den vermissten Seeleuten. Über AMVER

(Automated Mutual-Assistance Vessel Rescue System) wurden alle Schiffe in der Nähe aufgefordert, bei der Suche nach den Seeleuten zu helfen. Die Amerikaner und Kanadier ließen neun Flugzeuge mit verstärkten Besatzungen sowie drei Kutter nach den Booten suchen. Diese Aktion dauerte 17 Tage. Dann gab es nicht mehr die geringste Chance, die Seeleute lebend zu finden. Der Spruch *Verlasse niemals das Schiff, ehe das Schiff dich verlässt* hatte sich wieder einmal mit großen Verlusten für die Seeleute bestätigt.

Eine Hand für das Schiff – eine Hand für dich

Die Regel *Eine Hand für das Schiff – eine Hand für dich* ist wahrscheinlich die älteste Unfallverhütungsvorschrift in der Seefahrt. Wer sie vernachlässigte, gefährdete sich und seine Kollegen. Ein Fehler oder eine Unachtsamkeit musste den Seemann nicht allein von der Rah fliegen lassen, er konnte immer einen oder mehrere seiner Kameraden mitnehmen. Unfälle von Besatzungsmitgliedern gehören seit jeher zu den schwerwiegendsten Ereignissen an Bord. Jeder Seemann weiß, dass er jederzeit einen Unfall erleiden kann, weil ein Teil des Schiffes versagt, weil er oder einer seiner Kameraden einen Fehler begeht. Mangelnde Konzentration, Müdigkeit und nicht vorhandene seemännische Kenntnisse sind die wichtigsten Auslöser für einen Unfall. Lehrlinge des Lehr- und Ausbildungsschiffes THEODOR KÖRNER (Jahrgang 1958) trafen sich wieder einmal im Oktober 2013 auf dem LIKEDEELER in Rostock. Immer wieder erinnern sie sich daran, dass einer ihrer Kameraden in ihrem ersten Lehrjahr einen tödlichen Unfall in Port Said hatte. Am 9. Juli 1959 betrat der Lehrling die nicht vollständig angedeckte Luke, obwohl das verboten war. Den Sturz in die Luke überlebte er nicht. Schon im vorangegangenen Jahr hatte es den Unfall eines Lehrlings gegeben, weil der Lukendeckel zu kurz gewesen war. Es hat mich überrascht, welche philosophische Dimension Friedrich Nietzsche einer so simplen Frage wie der Möglichkeit eines Unfalls beimessen konnte. Er schrieb: *Man bricht das Bein selten, solange man im Leben mühsam aufwärts steigt – aber wenn man anfängt, es sich leicht zu machen und die bequemen Wege zu wählen.*

Das Vorschiff der THEODOR KÖRNER *mit den Luken*

Ganz so einfach, wie es die Norddeutschen mit dem folgenden plattdeutschen Spruch sagen, ist es denn in der Regel doch nicht.

> *Wenn't Unglück sin sall, säd de oll Fru,*
> *kanns't di denn Dumen inne Näs abbräken.*

Den Zeigefinger hat sich der Dritte Technische Offizier der von mir 1975 auf einer Reise, die uns von Europa über die Bermudas und Bahamas nach Kuba und Mexiko führen sollte, geführten SCHWERIN nicht in der Nase beschädigt. Seine Neugier bei der Reparatur einer die vier Hauptmaschinen ließ ihn den Finger in eine Öffnung des Diesels stecken, was ihm die Fingerkuppe kostete. In Antwerpen schickte ich ihn deshalb zum Arzt. Er wollte nicht nach Hause, und ich wollte ihn gern an Bord behalten. Weil wir als nächsten Hafen London anlaufen sollten, wähnte ich mich auf der sicheren Seite. Als ich mich beim Lotsen anmeldete, teilte mir dieser die Anweisung unseres Reedereivertreters Lutz Weiprecht mit, dass ich wegen eines Streiks in der britischen Hauptstadt die Reise fortsetzten sollte. Nach einer Konsultation mit dem Zweiten Offizier als zuständigem Offizier für die medizinische Betreuung der Besatzung und dem verletzten Ingenieur setzte ich den Kurs in Richtung Bermudas ab. Es ging alles gut, weil der Finger ohne Probleme verheilte.

Seit Jahrhunderten ist die Übermüdung der Seeleute die wohl wichtigste Ursache für mangelnde Konzentration, für Fehler und für das Aufgeben der Seeleute.

Pieter Lastman – Jonah and the Whale – Google Art Project [Bild gemeinfrei]

Es ist für Außenstehende schwer nachzuvollziehen, dass Seeleute nach wochenlangem Kampf in endlosen Stürmen auf der Rah einfach losließen. Der folgende Spruch wäre ihnen in der Situation vielleicht wie eine Verhöhnung vorgekommen: ***Was man nicht aufgibt, hat man nie verloren***. Die Rostocker Bark ROSTOCKER RITTERSCHAFT hatte sich im Juni 1858 von Glasgow aus auf den Weg nach Chile gemacht. In der Kap-Horn-Region traf sie auf das von den Seeleuten gefürchtete schwere Wetter. Durch losgeschlagene Reservespieren wurden mehrere Seeleute verletzt. Teile der Takelage wurden beschädigt und das Schiff machte zunehmend Wasser. Ungeachtet der an Bord kommenden Brecher mussten die Pumpen ununterbrochen besetzt werden. Die ständige Nässe und Kälte sowie der fehlende Schlaf zermürbten die Besatzung. Ende Oktober waren nur noch vier Seeleute arbeitsfähig. Sie gaben ihr Schiff auf und hatten großes Glück, dass sie durch die Besatzung der Hamburger Brigg MAIENLUST gerettet wurden.

Selten genug kam Glück in der Schifffahrt vor, in dem folgenden Fall jedoch war es überwältigend. In der revidierten Luther-Übersetzung der Bibel von 1984 heißt es: „Denn wie Jona drei Tage und drei Nächte im Bauch des Fisches war, so wird der Menschensohn drei Tage und drei Nächte im Schoß der Erde sein.“ Das ist ein nur sehr schwer vorstellbares Ereignis. Aber es gab einen Menschen, dem das widerfahren ist. Das Magazin „The Compass“ veröffentliche in seiner Frühjahrsnummer 1972 den folgenden Bericht:

Sein Name war nicht Jona – von David Gunsten

Im Februar 1891 jagte der englische Walfänger STAR OF THE EAST den Pottwal nahe den Falklandinseln. Als ein großer Pottwal gesichtet wurde, ließ der Kapitän zwei Boote zu Wasser bringen, damit die Jagd aufgenommen werden konnte. Der Wal schlug mit seinem Schwanz, als er tauchte. Dadurch traf er eines der Boote. Ein Seemann starb und ein anderer, James Bartley, konnte nicht wiedergefunden werden. Die Flucht half dem Wal nicht, denn die Männer des unbeschädigten Bootes töteten ihn und brachten ihn längsseits ihres Schiffes. Dort nahmen sie ihn auseinander. Am nächsten Morgen hievten die Seeleute den Magen an Deck, um ihn aufzuschneiden. Dabei wurden die Männer durch krampfartige Bewegungen im Magen überrascht. Sie erwarteten einen großen Fisch oder Hai im Magen des Wals, aber zu ihrem Schrecken lag ihr vermisster Kamerad darin. Sie legten ihn an Deck und übergossen ihn mit kaltem Wasser. Er lebte noch, war aber in tiefer Bewusstlosigkeit. Nach einiger Zeit kam er zu sich, sein Geist war aber nicht klar. Sie legten ihn in des Kapitäns Kammer und behandelten ihn sehr gut, was damals durchaus nicht üblich war. Zwei Wochen lag er dort. Langsam kam sein Bewusstsein und seine Erinnerung zurück. Nach drei Wochen hatte er sich so ziemlich von dem erlittenen Schock erholt. Während seines Aufenthaltes in dem Magen des Wals waren seine unbedeckten Körperteile von den Magensäften des Tieres gebleicht und verschrumpelt worden, so dass er wie altes Pergament aussah. Als er wieder zusammenhängend sprechen konnte, berichtete er, dass er sich daran erinnern konnte, wie er ins Wasser geschleudert wurde. Dann folgte ein gewaltiges rauschendes Geräusch und er war dann von großer Dunkelheit umgeben. Er fühlte, wie er durch eine weiche Passage glitt, die sich bewegte und ihn weiter beförderte. Das dauerte nur kurze Zeit, dann merkte er, dass er mehr Raum hatte. Als er die Wände seines Gefängnisses befühlte, merkte er, dass sie mit dickem Schleim bedeckt waren und nachgaben. Langsam wurde ihm klar, was passiert war.

An allen Küsten gibt es einen Seemannsspruch, den man nicht ganz ernst nehmen darf, weil er dem fatalistischen Humor der Seeleute an Nord- und Ostsee geschuldet ist. Die Ostfriesen sagen: ***'n Man over Boord is'n Freter minner***. Vor allem in der Segelschifffahrt hat es nicht selten Situationen gegeben, in denen ein oder mehrere Seemänner aus der Takelage in die See fielen oder von schweren Seen über Bord gewaschen wurden. Vor allem vor Kap Horn oder in den Brüllenden Vierzigern wagten die Kapitäne oft nicht, diesen Besatzungsmitgliedern zu helfen, weil eine Rettungsaktion Schiff und/oder die Helfenden mit sehr großer Wahrscheinlichkeit gefährdet hätte. Dafür gibt es zahllose Beispiele in der internationalen Schifffahrt. Einen der schlimmsten Personenunfälle erlitt die französische Viermastbark PRESIDENT FELIX FAURE. Sie befand sich am 2. Februar 1898 in einem sehr schweren Sturm bei den Kerguelen, als sie von einer enormen See von achtern überlaufen wurde. Die See nahm 15 Mann mit über Bord, zu deren Rettung nichts unternommen werden konnte. Diese Zeiten sind vorbei, aber einzelne Seeleute können immer noch über Bord gewaschen werden. Abhängig von der Position des Schiffes können sie ***Glück im Unglück haben***. Am 26. Oktober 2006 hatte die BELUGA STIMULATION Rotterdam verlassen und befand sich auf dem Weg zum Nord-Ostsee-Kanal. Es entwickelte sich ein Weststurm mit Windböen bis zur Stärke 11 Bft. Die Wellen erreichten eine Höhe von sechs bis sieben Metern. Der Kapitän hatte die Geschwindigkeit herabgesetzt. Aus dem sich zwischen Laderaum 2 und 3 befindenden Bunkerraum liefen Alarme auf. Der Zweite und Dritte Ingenieur wurden nach vorne geschickt, um diese Alarme zu überprüfen. Auf dem Weg zu diesem Raum wurde der Zweite, der sich nicht mit Hilfe einer Leine gesichert hatte, durch eine See über Bord gewaschen. Der Kapitän traute sich unter diesen Umständen nicht, ein Rettungsmanöver einzuleiten. Er informierte aber sofort die deutschen Behörden. Das Glück des Seemanns bestand darin, dass ihn seine Kleidung warm hielt und dass ein zufällig mitgerissener Fender ihn trug, bis er nach fast zwei Stunden vom Seenotkreuzer BERNHARD GRUBEN gerettet wurde. Bei diesem Seemann liegt der Spruch ***Mehr Glück als Verstand haben*** nicht ganz daneben.

Glück, Unglück oder kurios?

Es gibt eine ganze Reihe von Seeunfällen, die auf unglückliche Umstände zurückgeführt werden. In anderen Fällen sagt man, dass die Seeleute mit ein wenig Glück Seeunfälle vermieden haben.

Bergung der am rechten Ufer der Themse gesunkenen MAGDEBURG

Mit beiden Begriffen kann ich wenig anfangen. Verständlicher sind für mich Seeunfälle, die sich auf sehr kuriose Weise ereignet haben. Zu „kurios“ heißt es: „Gegenstände, Situationen oder Zustände, die auf jede denkbare Art und Weise seltsam, wunderlich, komisch oder skurril erscheinen oder wirken“. Diese Definition halte ich für den Seeunfall des finnischen Passagierschiffes KING am 19. August 2011 für zutreffend. Der Kapitän des Schiffes musste die Toilette aufsuchen. Offensichtlich blieb kein kompetenter nautischer Offizier auf der Brücke zurück. Als der Kapitän das Bad wieder verlassen wollte, klemmte das Schloss. Er schrie um Hilfe. Ein Besatzungsmitglied fuhr die Maschine herunter, aber das war zu wenig. Das Schiff lief vor Helsinki auf die Felsen, bevor der Schiffsführer befreit werden konnte. Der Küstenwache war der Seeunfall nicht ganz geheuer. Sie untersuchte den Vorfall und prüfte deshalb auch, ob der Kapitän Alkohol getrunken hatte. Das hatte er nicht. Wegen der kuriosen Umstände wurde ihm kein Verschulden an dem Seeunfall zuerkannt.
Das folgende indische Sprichwort könnte den Wachoffizier der RMS MÜLHEIM ein wenig trösten. Die Inder sagen: ***Das Leben ist ein ständiger Wechsel von Freuden und Leiden; davon kann uns auch Verstand, Klugheit und Mut nicht bewahren***. Das Küstenmotorschiff befand sich am 22. März 2003 auf der Reise von Cork nach Lübeck in den britischen Küstengewässern. Um Mitternacht hatte der Erste Offizier die Wache vom Kapitän übernommen. Ein Ausguck befand sich zu seiner Unterstützung nicht auf der Brücke. Den Wachalarm hatte er, obwohl er allein war, ausgeschaltet. Drei Seemeilen vor der nächsten Kursänderung nahe dem Kap Land’s End in Cornwall beabsichtigte er, so beschrieb er es jedenfalls später, aus seinem Stuhl aufzustehen, weil er das GPS kontrollieren wollte. Dabei verfing sich der Saum seiner Hose am Kontrollhebel der Fußplatte des Stuhls. Der Erste Offizier fiel so heftig auf den Boden, dass er bewusstlos wurde. Er kam wiederholt kurzzeitig zu Bewusstsein, dabei verspürte er große Schmerzen im Kopf und im rechten Fuß. Als er sein Bewusstsein wiedererlangte, näherte sich die „Seeschlange“ schnell dem felsigen Ufer. Er legte den Maschinentelegraphen auf „Voll Zurück“. Die sich ändernden Vibrationen weckten die Besatzung. Der Kapitän und der Bootsmann liefen auf die Brücke, aber es war zu spät. Das

erst vier Jahre alte Schiff lief auf den felsigen Strand unter den Klippen. Die Besatzung wurde durch einen Hubschrauber abgeborgen. Die RMS MÜLHEIM konnte nicht vom Strand abgebracht werden. Sie wurde von der See zerschlagen. Ein sich verfangender Hosensaum erwies sich also als ***Achillesferse*** des Wachoffiziers und führte zum Totalverlust eines Schiffes.

Mit dem Typ-IV-Schiff MAGDEBURG verbindet sich nicht ein kurioser Seeunfall, aber eine kuriose Erklärung für die Kollision des Schiffes. Am 27.10.1964 stieß das vom späteren Generaldirektor Kapitän Artur Maul geführte Schiff mit dem japanischen Stückgutfrachter YAMASHIRO MARU zusammen. Es sank am Nordufer der Themse, wo wir es zwei Tage später beim Auslaufen mit der SCHWERIN sahen. Die Seekammer verhandelte den Fall und kam zu dem Ergebnis, dass den Kapitän keine Schuld an dem Seeunfall traf. Die „Times" und das „Journal of Commerce" berichteten am 15. Februar 1975, dass die CIA diese Kollision nach Informationen des amerikanischen Journalisten Jack Anderson arrangiert habe, da die USA den Verkauf von Leyland-Bussen an Kuba unbedingt verhindern wollten. Die Briten hatten dem politischen Druck der US-Regierung nicht nachgegeben. In Großbritannien stieß die Meldung auf heftige Ablehnung, in der DDR wurde sie wohlwollend aufgenommen. Als ich mit der DRESDEN Gravesend anlief, unterhielt ich mich mit Lotsen und Agenten über diese Story. Sie alle hielten sie wegen des Einsatzsystems der Lotsen für nicht machbar. Auch wenn ich den Amerikanern eine solche Aktion grundsätzlich zutraue, hätten sie z. B. mit einer Bombe in einem Bus eine einfachere und sicherere Methode zur Verfügung gehabt. Für die Arbeit der Geheimdienste passt das Seemannswort ***Stille Wasser tun's und schweigen***, aber in diesem Fall hat Anderson wohl eine ***Zeitungsente in die Welt gesetzt***.

Bermuda- und Drachendreieck

Der Aberglaube hat im Zusammenhang mit der Schifffahrt sehr viel mit Seeunfällen zu tun, da sowohl Seeleute als auch Laien sich den Ablauf oder die Ursachen so mancher Ereignisse nicht erklären konnten. In der Gegenwart wird „Aberglaube" vielfach durch den Begriff „Volksglaube" ersetzt. Generell steht der Begriff für Menschen, die Glaubenssätzen oder Praktiken anhängen, die wissenschaftlich unbegründet sind und nicht dem Kenntnisstand der jeweiligen Gesellschaft entsprechen. Schon Goethe sagte: ***Der Glaube ist nicht der Anfang, sondern das Ende allen Wissens***. An unserer Küste waren nach Richard Wossidlo vor allem die Seeleute vom Darß als abergläubisch verschrien. Die abergläubischen „Vorsichtsmaßnahmen" begannen schon beim Bau des Schiffes. Der erste Hieb bei Baubeginn musste ohne Feuerfunken vonstattengehen. Gestohlenes Holz für den Kiel sollte das Schiff vor allem in der Nacht schnell machen. Generell war der Freitag als Auslauftag verpönt. Bei den Lübeckern und Darßern soll der Montag und bei den Wismarern der Donnerstag diese Bedeutung gehabt haben. Die Fahrensleute hatten auch schlechte Vorzeichen für die Reise. An Bord durfte nichts rutschen und klappern. Der Seemann durfte weder zu Hause noch beim Heuerbaas etwas vergessen haben. Das konnte zur Folge haben, dass er seine Schanz gar nicht erst antrat und achteraus segelte. An Land war das nicht anders. Meine Großmutter hat mir etliche Geschichten erzählt, in denen Geister auf Menschen huckepack ritten. Leider habe ich mir nicht die Anzeichen gemerkt, die nach ihrer Ansicht dafür sprachen, dass ein Rostocker Schiff nicht zurückkehrte. Außerdem war sie davon überzeugt, dass meine Tante vorhersehen konnte, wenn jemand sterben würde. Mich hat Aberglaube immer nur als etwas interessiert, mit dem man sich intellektuell auseinandersetzt. Mir sind auf See kein fliegender Holländer, keine Aliens, Seeungeheuer oder andere unerklärliche Erscheinungen begegnet. Aberglaube gehört nicht in meine Welt. Da befinde ich mich in einer guten Tradition. James Cook war, eine der großen Ausnahmen seiner Zeit, völlig frei davon. Ich kenne auch keine Geschichten von meinen Kollegen, die etwas, das man unter dem Begriff „Aberglaube" abbuchen könnte, erlebt hätten. Das darf man ruhig auf eine sehr gute

Allgemeinbildung und eine den Anforderungen unseres Berufes gerecht werdende Ausbildung an der Seefahrtschule in Wustrow/Warnemünde zurückführen. Helmut Schmidt hat einmal gesagt: „Wer Visionen hat, gehört ins Krankenhaus." An diesem Spruch merkt man wieder einmal, wie wenig selbst so klugen Leuten wie ihm zugehört wird. Täglich muss man sich die „glorreichen" Visionen der Politiker und Wirtschaftsführer um die Ohren hauen lassen, ohne dass die Luftschlösser dieser Helden in der täglichen Realität etwas im Leben der Menschen verbessern. Es gibt auch in der Schifffahrt genug Menschen, die Visionen haben, was auf See garantiert nicht hilfreich ist, denn ständig höher werdende Wellen und stärker werdende Stürme bewältigen die Seeleute nicht mit Worten. Da die zahllosen Fernsehsender viele Stunden Programm füllen müssen, belästigen sie uns auch immer wieder mit den Visionen von Charles Berlitz zum Bermudadreieck oder zu seinem „Dragon's Triangle".

Die MEYENBURG in Shanghai im Dock

Meine letzte Reise mit einem Stückgutschiff, der MEYENBURG, führte mich 1991 auch nach Kobe. Das Löschen verlief ziemlich langsam. Das gab mir die Möglichkeit, am 30. Juli das 5. Regionale Maritime Sicherheits-Hauptquartier zu besuchen. Ich war doch allzu neugierig, wie die Japaner auf dieses amerikanische Märchen reagierten. Ich hatte ein sehr angenehmes Gespräch mit Herrn Takao Yukimatu. Seine Antworten waren unmissverständlich. Der Name Berlitz sage den Japanern nichts. Sie waren erstaunt, dass er überhaupt über dieses Thema schrieb. Außerdem konnten sie nichts mit seinen Aussagen anfangen. Sie kannten nicht die von Berlitz für das vor ihrer Küste liegende Seegebiet verwendeten Namen wie „Teufelssee“ oder „Drachendreieck“. Höflich, wie es die Japaner nun einmal sind, konsultierten sie das Hauptquartier in Tokio. Auch dort waren nur die von seismischen Aktivitäten sowie die von Wind und Wetter ausgehenden Gefahren bekannt. Die Japaner erklärten mir lächelnd, dass ich ruhig mit meinem Schiff durch dieses Seegebiet fahren könne. Drachen gäbe es dort nicht. Berlitz wie auch das folgende von mir ausgewählte Cannings-Zitat belegen einmal mehr, wie recht Mark Twain mit seinem Spruch ***Wahrheit ist unsere wertvollste Ware – lasst uns deshalb sparsam mit ihr umgehen*** hatte.

Bei Canning[4] liest sich das so: *In dieser Zone, die in etwa die Form eines Dreiecks einnimmt und sich zwischen dem 40. und 50. westlichen Längengrad, zwischen Florida, den Bermudas und der Saragossa-See (Sargassosee - HHD) befindet, sind seit 1945 Hunderte von Schiffen und Flugzeugen spurlos verschwunden; das heißt, von den vermißten Schiffen und Flugzeugen wurden weder Trümmer noch überlebende Passagiere oder Besatzungsmitglieder gefunden, und nicht einmal die sonst in solchen Fällen auftretenden Ölflecken auf dem Wasser traten in Erscheinung, um von einem Unglück zu zeugen.* So geht es munter weiter. Es ist völlig normal, dass auch mit allergrößten Anstrengungen und angeblichen Suchaktionen nichts gefunden werden kann, wenn nichts verloren gegangen ist. Die Herren Canning und Berlitz belegen mit ihren „Werken“ eindrucksvoll das kluge Wort von Picabia: ***Die Menschen haben den Kult des Irrtums, des Unwahren und der Lüge erfunden.***

Die DSR-Schiffe aus Rostock haben unzählige Reisen durch dieses Seegebiet gemacht. Weder dort noch in anderen Seegebieten sind meinen Kollegen und mir Geisterschiffe, Ufos, Schiffe versenkende Torpedowolken usw. begegnet. Canning schreibt auf Seite 358: *Hinsichtlich der zigarren-*

förmigen Wolke, die die Fregatte an diesem herrlichen Frühlingstag buchstäblich zum Untergang „torpediert" hatte, wurde keine nähere Erklärung gegeben. Cannings kannte offensichtlich nicht den Seemannsspruch: ***Nicht jede Wolke führt einen Sturm herbei.*** Wahrscheinlich haben uns solche und andere seltsame Erscheinungen gemieden, weil unser Unterricht in den Naturwissenschaften einfach zu gut war. Aldous Huxley wies nicht umsonst darauf hin: ***Fakten hören, auch wenn sie ignoriert werden, nicht auf zu existieren.*** Daran haben wir uns weitgehend gehalten. Das hat nicht verhindert, dass unsere Ehrfurcht vor dem Meer geblieben ist. Denn es heißt ja nicht umsonst: ***Niemand ist Herr auf See.*** Es wäre unfair, nur den Anglo-Amerikanern abergläubische Neigungen zuzuschreiben. Meldungen aus der Sowjetunion trafen mich immer wieder auf dem falschen Fuß, denn dort war ja nach unserer Lesart die Wissenschaft zu Hause. Außerdem wollten und sollten wir ja ständig von der Sowjetunion lernen (Losung: Von der Sowjetunion lernen heißt siegen lernen). Der Unfug mit dem Bermudadreieck war auch über die Sowjetunion in den Medien der DDR gelandet. Die Nummer 34/76 der Sozialistischen Wochenzeitung für internationale Politik und Wirtschaft „horizont" nahm sich dieses Themas an. Als ich mich dann mit einem Beitrag gegen diese albernen Märchen an die Zeitung wandte, spürte ich große Unsicherheit bei der Redaktion. Es gereichte ihr zur Ehre, dass sie meinen Beitrag in der Nummer 2/77 veröffentlichte. Zumindest in der DDR ***löste sich diese Angelegenheit sehr schnell in Rauch auf***. In unserer gegenwärtigen Welt werden diese Geschichten unverändert breitgetreten, obwohl einige wenige Recherchen den Journalisten zeigen würden, dass das meiste ***heiße Luft*** ist.

Auch wenn die MARINE SULPHUR QUEEN, die deutsche Bark FREYA, die MARY CELESTE sowie die Bulker ANITA und NORSE VARIANT als Beispiele für das ominöse Dreieck angeführt werden – sie haben alle nichts damit zu tun. Francis Picabia hat völlig zu Recht geschrieben: ***Die mystischen Erklärungen sind die oberflächlichsten.***

Die folgende Geschichte berichtete die „Junge Welt" in ihrer Ausgabe vom 9./10. August 1975. Der Journalist Lothar Winkler führte als Beispiel das

Vollschiff MARLBORO (richtige Schreibweise: MARLBOROUGH - HHD) an, das sich mit einer Ladung Hammelfleisch 1889 (nicht 1890 - HHD) von Neuseeland auf die Reise nach Großbritannien machte.

MARLBOROUGH, London. 1347 Tons, 1876. Missing.[Foto gemeinfrei/ de Maus]

Die MARINE SULPHUR QUEEN als T2-Tanker vor dem Umbau [GNU Free Documentation License]

Winkler schrieb: *23 Jahre später hat man sie in der Nähe von Feuerland wiederentdeckt. Der Kapitän des Schiffes, das der „Marlboro" begegnete, hatte im Bordbuch aufgezeichnet, was er und seine Matrosen sahen, nachdem sie an Bord des verloren geglaubten Schiffes gestiegen waren: Die Besatzung habe sich an ihren Plätzen befunden. Einen habe man am Steuer angetroffen, drei an den Ladeluken, 10 hielten die üblichen Posten wie Ausguck usw.* Das ist eine für einen Menschen mit kritischem Verstand völlig irreale Geschichte. Dass ein Schiff 23 Jahre in den „Roaring Forties" und „Howling Fifties" übersteht, überschreitet das Vorstellungsvermögen eines jeden Seemanns. Selbst die Skelette waren noch an ihrem Platz. Entweder hätten die Brecher einen Bogen um sie machen oder der „Fliegende Holländer" hätte seine Kollegen festtackern müssen. In der realen Welt wurde die MARLBOROUGH nach dem Auslaufen noch einmal gesehen, dann verschwand sie, wie so viele Schiffe vor und nach ihr, spurlos.

Der deutsche Philosoph Arthur Schopenhauer kann nicht zu den Lieblingen der „Jungen Welt" gehört haben, aber mit dem Artikel „Rätselhafte Geisterschiffe" bestätigte die Jugendzeitung die unveränderte Gültigkeit seines Spruches: *Nicht was die Dinge wirklich sind, sondern was sie für uns in unserer Auffassung sind, macht uns glücklich oder unglücklich*. Auch das nächste Beispiel bestätigt Schopenhauer, selbst wenn er bei der Formulierung seines Spruches bestimmt nicht an so einfache Dinge wie den Klabautermann gedacht hat. Jedenfalls ist die folgende Geschichte im Vergleich mit dem britischen Vollschiff sehr amüsant. Die Schifffahrtszeitung HANSA (7/1970) berichtete von einem polnischen Schiff, auf dem die Matrosen während einer stürmischen Atlantiküberquerung zu der Auffassung gekommen waren, dass sie den Klabautermann an Bord hätten. Aus einem Laderaum drangen menschliche Laute. Wie die polnische Zeitung „Polityka" meldete, rettete der Kapitän die Lage. Als „dialektischer Materialist" glaubte er nicht an den Schiffsgeist. Die Laute, so stellte er fest, stammten von Sprechpuppen, die infolge des Arbeitens des Schiffes in der schweren See zu „Mama"-Rufen angeregt worden waren. Die Arbeits- und Lebensbedingungen der Seeleute verlangen in vielen Situationen einen kühlen Kopf sowie Ausdauer und Disziplin.

Ich habe bisher nur eine Geschichte gefunden, in der sich ein cleverer Seemann den Aberglauben seiner Kollegen zunutze machte. Das britische Vollschiff TRAFALGAR machte sich am 18. Mai 1893 von New York auf die Reise nach Batavia. Der neue Zweite stellte sich als elender Leuteschinder heraus, was zu großen Spannungen zwischen Schiffsleitung und Besatzung führte. Der Bestimmungshafen war berühmt-berüchtigt für das dort herrschende Fieber. Bei Ankunft des Schiffes desertierte ein Teil der Besatzung, während der andere zum Konsul ging und sich über den Zweiten beschwerte. In Batavia wurden, wie vorhersehbar, etliche Besatzungsmitglieder krank. Unter ihnen befand sich Kapitän Francis, der am 7. Oktober 1893 starb. Der Erste Richards übernahm das Kommando. Da die Auseinandersetzungen zwischen dem Zweiten und der Besatzung kein Ende nahmen, entließ er den Leuteschinder. Kurz bevor das Schiff den gefürchteten Hafen verließ, kamen die Kranken aus dem Hospital zurück an Bord. Unter ihnen befand sich der Kadett Shotton. Am 29. Oktober machte sich der Segler auf den Weg nach Melbourne. Alle hofften, dass nun das Fieber zurückgehen würde. Die Seeleute hätten an den Spruch der schwedischen Seeleute ***Rufe nicht „Gewonnen!", bevor du über den Sund bist*** denken sollen. Da nicht ausreichend Wind wehte, musste das Schiff mehrfach ankern. Das Fieber blieb und die Angst an Bord nahm zu. Der „Alte" und der Chief mate mussten in die Koje. Der Kapitän hatte ein Besatzungsmitglied zum Zweiten ernannt, aber der Seemann besaß kein Durchsetzungsvermögen. Er war ein völliger Ausfall. Der Kadett, der von einem früheren Kapitän einen Sextanten geschenkt bekommen hatte, verstand als Einziger von den arbeitsfähigen Seeleuten etwas von Navigation. Die ganze Last der Führung des Schiffes lag, bei einer verängstigten und widerspenstigen Besatzung, auf seinen Schultern. Er war gerade 18 Jahre alt und noch nicht vom Fieber geheilt. Hilfe bekam er nur vom irischen Segelmacher. Die Besatzung verstellte seine Uhr, damit er länger Wache gehen musste. Ohne exakte Uhr konnte er aber keine astronomischen Beobachtungen vornehmen. In dieser schwierigen Situation machte er sich den Aberglauben der Besatzung zunutze. Sie glaubte an Geister sowie daran, dass die Kammer des Ersten verhext war. Shotton stellte die Uhr in diese Kammer. Von da an blieb sie unbehelligt. Am 17. Dezember kam er an der Lotsenstation von Melbourne an. Er hatte sein Ziel erreicht. In Melbourne wurde er mit der beachtlichen Summe von 290 Pfund und mit der Silbermedaille von Lloyd's, die auch nicht jeder bekommt, geehrt. Das folgende geflügelte Wort des griechischen Schriftstellers Plutarch ist schon fast 2000 Jahre alt und unverändert gültig:

Der Tod ist das Ende aller Dinge
des menschlichen Lebens,
nur des Aberglaubens nicht.

KAPITÄN – MASTER NEXT GOD?

Der Fisch stinkt vom Kopf her

An Bord gab und gibt es immer ganz viele wichtige Leute. Zu diesen gehören der Bootsmann, der E-Ingenieur/Elektriker, solange es ihn gab, der Politoffizier auf DDR-Schiffen, der Koch und noch einige weitere. Da ich selbst viele Jahre Kapitän war, halte ich natürlich den Kapitän für den allerwichtigsten. Bei einem guten Kapitän stimmt das auch heute noch. Ich habe schon immer viel von Charles Darwin gehalten, aber nachdem ich das folgende Wort von ihm gelesen habe, verehre ich ihn geradezu. Er schrieb:

Es gibt keinen König,
der so groß ist
wie der Kapitän auf seinem Schiff.

Leider gibt es auch weniger gute Kapitäne, und diese arbeiten mit einigen Kurzsichtigen an Land, wahrscheinlich ungewollt, eifrig daran, dass das Wort von Darwin möglichst schnell seine Gültigkeit verliert. Wenn die Dienstauffassung des Kapitäns, die von Verantwortungsbewusstsein, Engagement, Ehrlichkeit, Verlässlichkeit und Nüchternheit geprägt sein sollte, nicht wenigstens akzeptabel, jedoch möglichst beispielhaft sein sollte, kann er schnell zur Belastung vor allem für die anderen Offiziere werden. Ein Alkoholiker ist es in jedem Fall. Einer, der die Übernahme der Wache und damit die Verantwortung scheut, wird auf diesem Weg schnell voranommen und bald nur noch brüllen können. Die Achtung und das Vertrauen seiner Crew verliert er sehr schnell.

Der Autor als Kapitän auf der Brücke des MS TAURUS

Nach der Privatisierung der DSR lernte ich einen Kapitän aus den alten Bundesländern kennen, der nicht mit „Kapitän" angesprochen werden wollte. Wäre das einem Kollegen ein paar Jahre später bei Alpha Ship in Bremen eingefallen, hätte ich unserem CEO (Chief Executive Officer) Kapitän Jan Freese empfohlen, den Mann zu entlassen. Ein Seemann in dieser Funktion sollte sich nie wichtig tun oder ***sich aufs hohe Ross setzen***. Aber als Kapitän kann man seine Position nicht richtig ausfüllen, wenn man die in allererster Linie damit verbundenen Pflichten und die sich daraus ergebenden Rechte nicht annimmt. Die Erfahrungen, die Joseph Conrad als nautischer Offizier und Kapitän sammelte, ermöglichten es ihm, den Kapitänen viele kluge Ratschläge und Hinweise zu geben. In seinem Buch „The Mirror of the Sea" findet sich folgende Einschätzung, die ein Kapitän niemals vergessen sollte: *Mit Menschen umzugehen ist eine ebenso große Kunst, wie die Schiffe zu führen. Beide, Menschen wie Schiffe, werden gleichermaßen von* *listenreichen und mächtigen Kräften bedrängt und wollten eher ihre Vorzüge verstanden als ihre Fehler erkannt wissen.*

Ist er dazu nicht in der Lage oder vielleicht auch nicht willens, geht es im Allgemeinen sehr schnell, bis auf ihn das Sprichwort ***Der Fisch stinkt vom Kopf her*** zutrifft. Für den Kapitän der Viermastbark PINDOS traf das zweifellos zu.

Die Viermastbark PINDOS 1912, gestrandet an der Küste Cornwalls [Foto gemeinfrei, Aufnahme Paul Edward]

Sie segelte 1905 unter der Führung von Kapitän Jochensen nach San Pedro, einem Stadtteil von Los Angeles. Das Schiff ging in die Werft, wo die Besatzung weniger als sonst zu tun hatte. Beim Kapitän war die Langeweile wohl noch größer, er setzte sich in einen Badeort ab. Dort fielen ihm wenig freundliche Zeitungsartikel, die ihn und sein Schiff betrafen, in die Hände. In den Zeitungen lauteten die Überschriften „Amerikanische Seeleute verpflegen deutsche Pindos-Crew" und „Pindos-Mannschaft hungert – Kapitän schwelgt im Seebad". Er begab sich schnell auf sein Schiff zurück und beschimpfte seine Mannschaft mit folgenden Worten: „Dieses bettlerhafte Durchfressen auf fremden Schiffen ist beschämend. – Dieses Verhalten ist eines deutschen Seemanns unwürdig. – Wartet nur ab, wenn wir erst wieder auf See sind ... – Eiserne Disziplin auf See wiederherstellen und Ordnung in diesen verfressenen Sauhaufen bringen.“ Den Spruch ***Der Ton macht die Musik*** schein Jochensen auch nicht gekannt zu haben. Seine Tiraden konnten nur bewirken, dass die Seeleute achteraus segelten. Am nächsten Tag verschwanden die ersten. Zum Schluss befanden sich nur noch vier Matrosen an Bord. Sie gingen nicht, weil sie die Seefahrtschule besuchen wollten. Der Grund für diese Entwicklung war, dass die Besatzung der PINDOS auch in San Pedro die streng rationierte Seeverpflegung bekam. Nach der langen Seereise kam in einem Hafen, in dem es frisches Fleisch und Gemüse im Überfluss gab, beides nicht auf die Back der Seeleute. Daraufhin luden amerikanische Besatzungen die Deutschen ein. Daraus soll sich halbwegs ein Brauch entwickelt haben. Die amerikanische Presse ließ sich diese Zustände für ihre bissigen Kommentare nicht entgehen.

Jochensen fuhr ins Seebad zurück. Dabei hatte doch schon Goethe gesagt:

> ***Mit einem Herren steht es gut,***
> ***der, was er befohlen, selber tut.***

Vorher hatte er angewiesen, dass an zwei Tagen in der Woche frischer Proviant ausgegeben werden sollte. Das konnte die Situation nicht retten. Sein Chief mate holte ihn zurück, als die Matrosen das Weite suchten. Mit großem finanziellem Aufwand besorgte er sich eine neue Crew. Die stieg gleich wieder ab, als sie das Essen sah. Die zweite Besatzung sprang trotz verbesserten Essens und Polizisten, die eine Flucht verhindern sollten, über Bord. Dann segelte der Chief mate die PINDOS auf Reede und ein bunt zusammengewürfelter, betrunken gemachter Haufen wurde mit einem Dampfer ebenfalls dorthin gebracht. Unter dieser „Besatzung“ befand sich kein Segelschiffsmatrose, aber nach Brennecke ein Sektenprediger. Abgesehen von dieser damals schon unakzeptablen Führungstätigkeit des Kapitäns hatte sie katastrophale wirtschaftliche Auswirkungen. Was die Reederei B. Wenke Söhne in Hamburg davon hielt und wie sie darauf reagierte, wird leider nicht berichtet. Berichtet wurde auch nicht, welche Anweisungen der Kapitän bekommen hatte und welcher Druck bezüglich Verpflegung und Behandlung der Besatzung auf ihn ausgeübt wurde.

Als ich im Mai 1992 mit der THÜRINGEN Colombo anlief, fiel mir eine Fähre auf, über die ich mich dann mehrfach mit Lotsen und der Agentur unterhielt. Es handelte sich um die VIGNESSWARA.

Die Fähre VIGNESSWARA 1992 im Hafen von Colombo

Sie war 1971 in Japan gebaut worden. 1992 befand sich nur noch ein Teil der Besatzung an Bord. Zu ihr gehörten zehn Filipinas, von denen eine schwanger war. Lloyd's List berichtete am 17. April 1991, dass die VIGNESSWARA am 1. März, von Singapur kommend, in Colombo eingetroffen und arretiert worden war. Grundlage für diese Maßnahme waren beim Gericht angemeldete Ansprüche aus Indien und Japan. Der vorherige Besitzer der Fähre gab an, dass ihm noch nicht der volle Kaufpreis überwiesen worden sei. Die Regierung Sri Lankas evakuierte auf Rat des Roten Kreuzes 150 Passagiere, da die Unterkünfte an Bord nicht für die Unterbringung von Menschen geeignet waren und da an Bord ein unmittelbares Risiko für den Ausbruch der Cholera existierte. Um die Besatzung, die vor allem aus Filipinos und Burmesen bestand, kümmerten sich nur die Seemannsmission und die Internationale Transportarbeiter Gewerkschaft, da sie nach kurzer Zeit in Colombo weder Heuer noch

Ausrüstung (Proviant, Wasser etc.) vom Reeder erhielt. Die Fähre war für den Transport von Passagieren, wahrscheinlich Kurden, von Singapur nach London gechartert worden. In dieser schwierigen Situation hätte sich der Kapitän um die Nöte seiner Besatzung kümmern sollen. Er zog es aber vor, in einem buddhistischen Kloster zu meditieren. Später wurde die Fähre auf Anweisung des Gerichts verkauft und war 2009 noch als IONIS auf der Route Durres – Bari im Einsatz.

Bis heute steht der Kapitän ***zwischen Baum und Borke***. Der Kapitän ist nicht ***Diener zweier Herren***, er ist Diener vieler Herren, die sich in den Büros des Eigners, des Managers, des Flaggenstaates, der Versicherung, der Klassifikationsgesellschaft, des Hafenstaates usw. ihren Kaffee kochen. Wenn er sich den mit seiner Funktion verbundenen vielfältigen und schwierigen Aufgaben und Herausforderungen stellt, wird er zur Persönlichkeit werden. Albert Einstein hat zu Recht gesagt: ***Persönlichkeiten werden nicht durch schöne Reden geformt, sondern durch Arbeit und eigene Leistung***. An den Rechten und an der Autorität der Funktion „Kapitän" reiben sich ja vor allem seit dem Ende des Zweiten Weltkrieges viele mehr oder minder befähigte, oft ehemalige Offiziere als „Landeier" mit solchen Begriffen wie „antiautoritär" und „flache Hierarchien" ab. Ich gehöre wahrlich nicht zu denjenigen, die den Kapitän mit einem Heiligenschein versehen. Ich bin immer uneingeschränkt dafür gewesen, dass er die volle Verantwortung für die Führung des Schiffes und seiner Besatzung trägt. Ich habe aber auch immer verlangt, dass er die dafür notwendigen Maßnahmen treffen darf, dann aber auch für ihre Auswirkungen geradesteht. Maßstab ist dafür die Einhaltung der Regeln guter Seemannschaft. Der englische Schriftsteller Dudley Pope hat in „Life in Nelson's Navy" die besondere Situation eines Kapitäns folgendermaßen beschrieben: „Er war der Kapitän; niemand spaßte mit ihm und seinen Offizieren. Es gab eine Wand, die Disziplin repräsentierte, die aber den Kapitän ausschloss. Es war eine Wand, die in dem Moment zusammenbrach, wenn der Kapitän sich beliebt machen wollte, wenn er bei seinen Untergebenen Wohlwollen suchte. Von dem Moment an war er nicht länger der Kapitän: Er wurde zur Zielscheibe des Spotts bei den Männern, die er führen sollte ... Es gab einen Typ von Kapitän, der sowohl bei der Mannschaft als auch bei den Offizieren unbeliebt war – das war der laxe, träge Kapitän."

Zwischen Erfolg und Misserfolg, Tragik und Glück sind die Abstände oft sehr klein. Das erlebte Kapitän Wenzel von der KÄTHE NIEDERKIRCHNER schmerzhaft.

MS KÄTHE NIEDERKIRCHNER, auf dem Weg von Kuba nach Rostock auf Muckle Skerry, Shetland Inseln gestrandet

Er verließ am 11. August 1965 mit dem von ihm geführten Schiff, das mit 9019 Tonnen Zucker und ein wenig Stückgut beladen war, Matanzas. Auf dem Weg von Kuba nach Rostock folgte der Kapitän dem Golfstrom auf dem Großkreis. Als er Punkt „C" (42° N, 50° W) des international vereinbarten Schiffswegesystems auf dem Nordatlantik erreichte, musste er sich für einen Kurs durch den Englischen Kanal oder nördlich um Schottland herum entscheiden. Er folgte weiter dem Großkreis in Richtung Pentland Firth. Bei der Befolgung dieses Kurses hatte er zwei große Probleme. Erstens fehlten ihm die für diesen Weg notwendigen Seekarten und zweitens funktionierte das Radar nicht. Unter diesen Umständen war eine Passage des Pentland Firth ein ***Vabanque-Spiel***, das unverantwortlich war. Um ein solches Ereignis entsteht immer ein dichtes Gestrüpp von Halbwahrheiten. So auch in diesem Fall. Was Wikipedia im Zusammenhang mit dem Seeunfall des Schiffes anbietet, ist zumindest oberflächlich.

Dass sich Kapitän Wenzel vom „Polit" zu dieser Passage verleiten ließ, ist unvorstellbar, und dass vorher noch nicht solch große Schiffe durch den Pentland Firth gefahren sind, gehört ins Reich der Fabel. Nicht ins Reich der Fabel gehört, dass Kapitän Wenzel mit der Strandung auf Muckle Skerry das Sprichwort ***Es zerbricht ein Schiff, wer ein Schiff hat*** bestätigte. Auf meiner letzten Reise als Erster Offizier wählte Kapitän Hannes Schumacher 1971 auf der Rückreise der FREUNDSCHAFT von Kuba ebenfalls den Weg durch den Pentland Firth. Es war ein hartes Stück Arbeit, das Schiff mit Seekarte und Radar durch dieses außergewöhnliche Seegebiet sicher hindurchzubringen. Der Strom machte uns schwer zu schaffen. Wenzel dürfte sich über die Stärke des Stroms im Klaren gewesen sein. Er konnte nur nicht so gut wie wir darauf reagieren. Hätte sich der Kurs der KÄTHE nur eine halbe Meile weiter nördlich befunden, wären sie unbeschadet „durchgerutscht". Warum aber bei diesem gravierenden Seeunfall niemand zu Schaden kam, schildert der Purser Roland Morgenstern[3] folgendermaßen: „Kapitän Wenzel war durchsetzungsfähig. Für mich war er eine Respektsperson. Über eventuelle Fehler in seiner Schiffsführung wurde schon in anderen Publikationen geschrieben. Fest steht, dass es ohne die strikte Einhaltung des von ihm geforderten Dienstbetriebes nicht gelungen wäre, Besatzung und Passagiere ohne Verluste oder Verletzungen an Land zu bringen. Die regelmäßigen Manöver während der Reise nervten zwar oft die Crew, zahlten sich aber aus. Bei dem Riesenleck des Schiffes, die Taucher sollen eine Länge von 60 m gemeldet haben, fielen E- und Alarmanlage sofort aus, mussten die Leute per Läufer aus der Kammer gepurrt werden, gelang das Ausschwingen und Besetzen der Boote in wenigen Minuten. Das schafft nur eine vorbildlich trainierte Besatzung." In jenen Jahren wäre Kapitän Wenzel bei einem Erfolg für diesen „Husarenritt" nicht gerade belobigt worden, aber er dürfte ihn überlebt haben. Ein oder zwei Jahrzehnte später hätte das schon anders ausgesehen. So war für ihn die Seefahrt „nur" beendet, er kam nicht wie andere ins Gefängnis. Er wurde sogar Leiter der Seekartenberichtigungsstelle im Überseehafen. Dafür hatte er sich mit seiner Handskizze für die Passage des Pentland Firth offensichtlich qualifiziert.

Die Regeln guter Seemannschaft sind nicht ganz eindeutig formuliert. Sie lassen viel Spielraum für Interpretationen. Für mich gehörte, wenn nicht durch Revierfahrt und Hafendurchlauf andere Aufgaben im Vordergrund standen, eine Runde über und durch das Schiff zum täglichen Programm. Die Bedeutung einer solchen Runde geriet für einen ganz kurzen Augenblick in das Zentrum der Verhandlung zum Untergang des 39 Jahre (!) alten, heruntergewirtschafteten Rosteimers MARINE ELECTRIC vor dem Marine Board of Investigation der Küstenwache der Vereinigten Staaten. Die meisten Teilnehmer an der Verhandlung werden sich wahrscheinlich in dem Moment der Bedeutung der Frage des Vertreters der Küstenwache gar nicht bewusst geworden sein. Der fragte den Stammkapitän Farnham, der während der letzten Reise des Schiffes Urlaub gehabt hatte: „Konnten Sie diese Dinge (Mängel, Schäden - HHD) nicht sehen, wenn Sie Ihre Runden über das Schiff gingen?“ Der Stammkapitän antwortete: „Es war nicht meine Praxis, Runden über das Schiff zu gehen.“ So ersparte sich dieser „Seemann“ das tägliche Elend des von ihm geführten Schiffes mit über 90 Löchern in den Luken, die sein Chief mate in einer Zeichnung festgehalten hatte, einem Loch in der Außenhaut, das mit einem Kaffeekannendeckel und Zement abgedichtet worden war, usw. Diese maßlose Schlamperei von Schifffahrtsunternehmen, Küstenwache, Klassifikationsgesellschaft, Gewerkschaft und Besatzung kostete 33 von 39 Besatzungsmitgliedern das Leben, als das Schiff am 12. Februar 1983 im Sturm an der US-Ostküste kenterte. Es ist sehr unwahrscheinlich, dass Kapitän und Chief mate der MARINE ELECTRIC die folgende Anweisung von Kurfürst Friedrich Wilhelm von Brandenburg kannten, aber sie verhielten sich so, als ob diese oder eine ähnliche Order an sie ergangen wäre. Der Brandenburger teilte seinen Landeskindern mit:

> *Es ist dem Untertanen*
> *untersagt, den Maßstab*
> *seiner beschränkten Einsicht*
> *an die Handlungen*
> *der Obrigkeit anzulegen.*

Es gibt den unverändert gültigen Seemannsspruch *Dat Schipp steit wael (wohl), dar ein erfaren Schipper inne is*. Er traf leider weder auf den Stammkapitän der MARINE ELECTRIC noch auf die Kapitäne der folgenden Schiffe zu: Der Kapitän der BRAER war für die Strandung seines Schiffes, ebenso wie die Kapitäne der Tanker TORREY CANYON, AMOCO CADIZ und EXXON VALDEZ, deren Seeunfälle ***hohe Wellen geschlagen*** haben, verantwortlich.

Die frühere EXXON VALDEZ nach Reparatur und Umbenennung als EXXON MEDITERRANEAN im Mittelmeer

Während meiner Zeit als Kapitän war ich mir immer darüber im Klaren, dass es keine Garantie dafür gibt, dass ich eine schwierige Situation bewältigen würde. Ein Mensch kann aus unterschiedlichen Gründen versagen. Vor allem ein Kapitän sollte deshalb sich und seine Besatzung nicht den vermeidbaren Gefahren aussetzen. Sicherheit hatte und hat unverändert an erster Stelle zu stehen. „Husaren- oder Bravourstücke", die, wenn sie gut gehen, gerne beim ***Rees an Backbord*** erzählt werden, standen nicht auf meinem Zettel. Der Kapitän der HEINRICH EHLERS wird von seiner Aktion wohl kaum erzählen, denn sie ging gründlich schief. Am 10. Juni 2011 sollte er mit seinem Schiff den Nord-Ostsee-Kanal passieren. Geduld scheint nicht zu seinen Stärken gehört zu haben, denn obwohl er keine Einlaufgenehmigung und keinen Lotsen an Bord hatte, lief er in die

Schleuse von Kiel-Holtenau ein. Damit nicht genug. Er krachte in die Pier und lief in das Heck der sich schon in der Schleuse befindenden STROOMBANK. Da sich zufällig der Eigner des Schiffes an Bord befand, konnte er gleich seine Sachen packen und absteigen. Gelegentlich sollte man sich auch als Kapitän mit den klugen Worten anderer Völker beschäftigen. Die Beachtung des folgenden indischen Sprichwortes hätte dem Kapitän der HEINRICH EHLERS viel Ärger erspart. Die Inder sagen:

Bei allem, was man vorhat, denke man an die möglichen Folgen, gehe man erst nach reiflicher Überlegung ans Werk und meide jede Übereilung.

Mit solchen Aktionen habe ich nie nach Komplimenten geangelt. Meinen Ehrgeiz konnte ich mit einer sicheren Reise befriedigen. Das musste nicht heißen, dass ich den Kurs fernab von Küsten festlegte oder bei jeder Gelegenheit nach einem Lotsen rief. Schwierige Seegebiete stellen Herausforderungen, die ich gerne angenommen habe, ohne in Leichtsinn zu verfallen. Als die Italiener in den 90ern des vorigen Jahrhunderts die Lotsenpflicht für größere Schiffe in der Straße von Messina einführten, fuhr ich ungeachtet dieser Verpflichtung weiterhin allein durch die Straße, bis mir die Italiener auf die Schliche kamen. Eine Strafe wollte ich nicht riskieren, die auch die Reederei bestimmt nicht übernommen hätte. Ich musste mich letztendlich fügen. Auf einer Reise hatte ich die Passage mit dem Dritten Offizier, der vorher Chief mate auf einem Küstenmotorschiff gewesen war und als Dritter seine Zeit bis zur Entlassung bei mir überbrückte, gemeinsam bestritten. Als wir sie geschafft hatten, kam er zu mir und sagte: „Ich habe eine Passage durch ein solches Gebiet noch nie so ruhig und entspannt erlebt.“ Es hat uns beiden offensichtlich Spaß gemacht. Als Kapitän ist man gut beraten, wenn man sich immer wieder des folgenden indischen Spruches erinnert:

Kluge, entschlusskräftige und ihren Pflichten nachkommende Männer schützen die Götter und fördern ihre Wünsche.

Das ist wohl meistens, aber leider nicht immer so. Dabei gehört es zweifellos zu den schwierigsten Aufgaben eines Kapitäns, auf der einen Seite Engagement, Fleiß und Disziplin zu fordern, aber dabei auf der anderen

Seite auch nicht zu überziehen. Die nötige Ausgewogenheit ist für einen Kapitän, der noch neu in der Funktion ist, ganz besonders schwer zu finden. Nicht alle meine Besatzungsmitglieder auf der SCHWERIN sind mit meiner Haltung klargekommen.

Vom II. Technischen Offizier Scholz der SCHWERIN gezeichnete Karikatur des Autors

Das kommt in mehreren Karikaturen, die sie mir schenkten, sehr gut zum Ausdruck. Während meiner ganzen Fahrzeit als Kapitän ist es mir nie um meine Person gegangen. Für mich stand immer die Funktion „Kapitän“ im Vordergrund und die sich daraus ergebenden Pflichten. Sie verlangen angemessene Entschlüsse. Dabei sollte man möglichst seine Besatzungsmitglieder einschätzen können. Jede Zeit hat ihren Typ von Seemann gehabt. In einem Essay hat der englische Professor Walter Raleigh (1861–1922) zur Einführung des Kapitels XII of Haklyut's Voyages die Seeleute vor seiner Zeit folgendermaßen eingeschätzt: *Obwohl er warmherzig ist, ist er kein Vertreter des Humanitätsgedankens. Gefahr ist sein täglicher Begleiter. Er hat die Lektion von Sir Edward Howard, dass ein Seemann nutzlos ist, wenn er nicht bis zu einem bestimmten Grade der Verrücktheit resolut ist, begriffen. Vor allem ist er wachsam und ernsthaft, was sein Handwerk betrifft. Von allen Berufen ist der Seemann am stärksten daran gewöhnt, sich den Notwendigkeiten seines Berufes unterzuordnen.*

Dass Menschen, die so vieles ihrem Beruf opfern, bis heute nur sehr selten dafür belohnt werden, zeigten schon einige der bisher aufgeführten Beispiele. In den folgenden Kapiteln werde ich leider weitere hinzufügen müssen. ***Der Dank des Vaterlandes*** war und ist ihnen nicht gewiss. Eine Ausnahme stellte die DDR dar. Nicht nur, dass Schiffssicherheit kein Schlagwort, sondern ernst gemeint war. Nicht nur, dass die Reederei sich um ihr Wohlbefinden kümmerte. An der Stelle wurde dann doch gelegentlich etwas überzogen. Auf den Gruppenlandgang konnten die Rostocker Seeleute gut und gerne verzichten. Gelegentlich wurden sogar die Leistungen von einigen, die es verdient hatten, mit Auszeichnungen und Prämien anerkannt. Zu den Auszeichnungen gehörte die Medaille „Verdienter Seemann“. Die Schifffahrtsgeschichte beweist, dass gerade die Menschen, die unter den beschriebenen miserablen Verhältnissen arbeiten und leben, schon mit wenig zufriedenzustellen sind. Hans von Peterson beschreibt dies in seinem Buch „Mit vollen Segeln um die Welt“. 1922 gerieten sie mit dem Vollschiff LANDKIRCHEN auf dem Weg nach China in den Brüllenden Vierzigern in einen Orkan. In stundenlangem Kampf in eisiger Kälte bargen sie die Segel. Als die Matrosen wieder an Deck kamen, standen ihr Logis und die Kombüse unter Wasser. In einer seltenen Geste erlaubte ihnen der Kapitän, sich in der Segelkammer und im Salon aufzuhalten. Der Koch konnte nichts anderes als Hartbrot und Wurst anbieten. Der Darßer Seemann schrieb, dass es eine solche Großzügigkeit auf anderen Schiffen kaum gab, aber dass sie sich für ihren Kapitän auszahlte. Wenn es darauf ankam, ging die Besatzung für ihn durchs Feuer.

Leider bietet die Schifffahrt so sehr viele Beispiele, in denen die Kapitäne und Offiziere dieser selbstlosen Haltung ihrer Seeleute nicht gerecht wurden. Aber auch dem Kapitän geht es durchaus nicht immer besser als den anderen Seeleuten. Wie wenig heute ein Kapitän „Master next God“ ist, beweist das folgende Beispiel. Anfang Januar 2013 ging die Meldung durch die Medien, dass ein Teil der Besatzung eines Schiffes von den Malediven gedroht hatte, den Kapitän zu ertränken, wenn sie nicht bis zum Abend des nächsten Tages ihre Heuer in ihren Händen hielten. Die ausländischen Seeleute hatten seit über einem Jahr keine Heuer erhalten. Es ist wohl mehr als verständlich, dass ihre Verzweiflung keine Grenzen kannte. Zur Besatzung der WAADHEE PROGRESS gehörten sechs Seeleute von den Malediven. Sie berichteten in Dubai, dass sie in den letzten drei Monaten ständig von den indischen Seeleuten mit Messern und Eisenstangen bedroht worden wären. Bei einer anderen Gelegenheit wäre einer ihrer Kollegen schon mit einem Messer verletzt worden. Sie würden die Situation an Bord so empfinden, als hätten die Inder sie als Geiseln genommen. Wie sich der Kapitän der WAADHEE PROGRESS bei der ihn betreffenden Androhung fühlte, wurde nicht berichtet. Die Reederei Waadhee Shipping and Trading verhielt sich so, wie solche Unternehmen sich meistens verhalten. Sie teilte mit, dass sie sich „die Sache ansehen wolle".

Der Autor mit seinen ersten philippinischen Besatzungsmitgliedern, den Kadetten Renee und Arturo, auf der AQUITANIA

Schon vor der Wende hatte Wilhelm Lampe, Ministerialrat Abteilung Seeverkehr im Bundesverkehrsministerium, gesagt: ***Der generelle Trend zur Ablehnung persönlicher Verantwortung hat die Schifffahrt*** *erreicht.* Das betrifft auch ein in der Schifffahrt außerordentlich sensibles Thema. Seit Jahrhunderten gibt es Rassismus auf See. Vor dem 20. Jahrhundert traf es vor allem die Seeleute aus dem Mittelmeerraum, die als „Dagos“ verunglimpft wurden. Vom ersten Tag meiner Seefahrt an kenne ich das Schimpfworte „Kanacker“. Über UKW hört man oft das Schimpfwort „Filipino Monkey“ und die entsprechenden Laute für Affen. Ich habe diese Beleidigungen nie gemocht. Für mich als Kapitän ist jeder Seemann auf meinem Schiff ein mir anvertrautes Besatzungsmitglied, das von mir Korrektheit, Gerechtigkeit und Höflichkeit erwarten darf. Ich erwarte dafür, dass er sich in gleicher Weise um seine Aufgaben kümmert. Wenn er das kann und es dann auch tut, ist die Welt heil. Kann oder will er es nicht, dann muss er, unabhängig von seiner Nationalität, das Schiff verlassen. Auch für dieses Problem gelten die Worte von Anna Seghers: *Lassen wir uns von unserer Berufspflicht überwältigen, bevor uns die Schuld überwältigt.* Anna Seghers werden vor allem die Rostocker Seeleute kennen. Davon abgesehen sollten zumindest alle Kapitäne und Offiziere diesen Grundsatz kennen. Auf der MECKLENBURG haben Chief Bernd Beier und ich darauf geachtet, dass unser Assi Philip L., dessen Haut etwas dunkler als unsere war, von allen korrekt behandelt wurde. Ich glaube zum Geburtstag hat er mir eine kleine Messingplatte mit

einem Spruch geschenkt, der meine Haltung ganz gut wiedergibt. Er lautet:

To my crew ...
Please be reasonable
and do it my way.
The Captain

Heute steht diese schöne Erinnerung an die MECKLENBURG in meinem Arbeitszimmer. Meine Frau sieht diesen Spruch allerdings nicht so gern.

Die Probleme bei anderen Reedereien hatten und haben eine ganz andere Dimension. Am 28. Februar 2004 explodierte und sank der Tanker BOW MARINER an der US-Ostküste. Das Schiff wurde vom griechischen Unternehmen Ceres Hellenic Shipping gemanagt. Die amerikanische Küstenwache untersuchte den Seeunfall sehr gründlich, nicht zuletzt, weil

21 von 27 Seeleuten ihr Leben verloren hatten. Ihre besondere Aufmerksamkeit erregten zu Recht die Verhältnisse an Bord. Die philippinischen Offiziere nahmen ihre Mahlzeiten nicht in der Offiziersmesse ein. Das war etwas, das mir 1990 bei meinem Einsatz auf der AQUITANIA für Columbia Ship Management gleich aufgefallen war. Chief Bernd Beier und ich waren nicht es gewohnt, unsere Mahlzeiten allein in der Offiziersmesse einzunehmen. Nach wenigen Tagen machte ich meinen Offizieren klar, wo ihr Platz war. Darüber hinaus waren sie auch in der Arbeit für mich Offiziere und wurden deshalb vom Chief und von mir entsprechend behandelt und gefordert. Den Filipinos auf dem Tanker wurde keine Verantwortung übertragen, und sie wurden bei jeder Arbeit sehr streng überwacht. Der Zweite Ingenieur, der zum ersten Mal auf einem Ceres-Schiff angeheuert hatte, war sehr verärgert, als er heftig gescholten wurde, weil er sich nach seinen Leitungsaufgaben und seinen administrativen Aufgaben erkundigte. Der Chief machte ihm mit strengen Worten klar, dass er nur das zu tun habe, was ihm gesagt werde. Außer den erforderlichen Tagebucheintragungen hätte er ohnehin keine administrativen Aufgaben. Das mangelnde Vertrauen konnte auch an Deck nicht übersehen werden. Die Überlebenden der Decksgang berichteten, dass sich der Erste Offizier während der Ladungsarbeiten im Sessel des Ladebüros nur ein kurzes Schläfchen gegönnt hatte. Aufgaben hatte er nicht delegiert, ebenso wenig wie er die Junioroffiziere trainiert hatte, um den Umfang seiner Aufgaben zu verringern und es den Offizieren zu ermöglichen, sich weiterzuentwickeln. Die Griechen (Kapitän, Chief mate und Chief) respektierten die übrigen Seeleute nicht. Sie drohten ihnen ständig damit, dass sie „gefeuert" werden würden. Die Überlebenden fürchteten die Griechen so sehr, dass sie auch Anweisungen ausführten, von denen sie wussten, dass sie falsch waren. Der Matrose Ronquillo sagte: „Die Worte der Griechen waren wie Worte von Göttern für uns."

Es passt zu dieser Haltung der Griechen, dass Kapitän und Chief nur zehn Minuten nach der Explosion das Schiff verließen, obwohl sie wussten, dass noch Überlebende an Bord waren. Ihre verfrühte Aktion lieferte die Besatzungsmitglieder, die mit ihnen sprangen, früher als notwendig dem kalten Wasser aus und trug zu dem hohen Verlust an Menschenleben bei. Die Filipinos auf diesem und auf anderen Schiffen fanden den folgenden

Spruch chinesischer Seeleute, der die Härte des Lebens auf See versinnbildlicht, bestätigt: *Willst du Drachenfleisch kosten, steige ins Meer.*

Im Juni 2010 berichteten Reporter aus Bahrein über Probleme auf dem 1989 in Deutschland gebauten Gastanker NORGAS CARINE. Das Schiff gehörte zur Flotte des Unternehmens I.M. Skaugen. Auf den Schiffen des Unternehmens wurden als Kapitäne und Offiziere vor allem Seeleute aus der früheren Sowjetunion sowie chinesische Mannschaften eingesetzt. Zwischen ihnen gab es Verständigungsschwierigkeiten und es kam zu Spannungen. Außerdem gab es Auseinandersetzungen zu arbeitsrechtlichen Fragen. Die Chinesen streikten deshalb, was von einigen Verantwortlichen als „Meuterei" bezeichnet wurde. Es gab auch Sabotageakte, indem kleine Feuer (auf einem Gastanker!) gelegt wurden, weil Besatzungsmitglieder nicht wie versprochen abgelöst wurden. Die Besatzungen hatten begriffen, dass das der beste Weg war, um das Management zur Einhaltung der Verträge zu zwingen. Der Kapitän des Schiffes wurde interviewt. Das war keine gute Idee. Zumindest hätte man ihm vorher sagen müssen, welche Bedeutung die Sprache hat. Er sagte unter anderem: „Das Management fliegt einen Haufen von Filipinos ein, die die Chinesen ersetzen werden ... Die Filipinos sind teuer und faul, aber sie sind gelassen und sprechen Englisch."
Als Auditor und „Ausbildungskapitän" habe ich aufgrund von Rassismus, Oberflächlichkeit und Faulheit immer wieder abgrundschlechte Führungstätigkeit vorgefunden. All die wunderschönen Schlagworte von „modern", „sicher", „Teamarbeit", „Nachhaltigkeit" usw. erweisen sich sofort als hohle Phrasen, um die sich nicht oder zu wenig gekümmert wird. Auf solchen Schiffen gibt es keine Besatzung. Dort sind zwei oder drei Besatzungen, was Sicherheit, Effizienz, Vertrauen, Loyalität usw. zerstört und für alle an Bord fatale Folgen haben kann. Das hat der Verlust der BOW MARINER unübersehbar gemacht. Anstatt großer Worte sollten sich die Verantwortlichen an Land und an Bord an das folgende Sprichwort aus der Marine halten, das auch für die Handelsschifffahrt uneingeschränkte Gültigkeit hat. Es besagt: *Ein guter Admiral kümmert sich auch um die Mäuse auf seinem Schiff.*

Die Ratten verlassen das sinkende Schiff

Von dem Seemannsspruch ***Ein guter Seemann macht das Schiff sicher*** hatte Francesco Schettino wohl, bevor er die COSTA CONCORDIA auf die Felsen vor der Isola de Giglio steuerte, noch nichts gehört. Er scheint eher so, dass er die Auffassung von Winston Churchill bestätigen wollte. Nachdem dieser als Premierminister zurückgetreten war, hatte er im Mittelmeer an einer Kreuzfahrt auf einem italienischen Schiff teilgenommen. Nach der Reise fragten ihn italienische Journalisten, warum ein ehemaliger britischer Premierminister ein italienisches Schiff wählte. Seine Antwort lautete:

„Es gibt drei Dinge, die ich an italienischen Kreuzfahrtschiffen liebe:

> ***Erstens ist ihre Küche unübertroffen.***
> ***Zweitens haben sie einen superben Service.***
> ***Und bei einem Notfall gibt es bei ihnen nicht den Nonsens von Frauen und Kinder zuerst.***“

Mit seinem Verhalten steht Schettino nicht allein. Er hat einige Vorgänger, die zu ihrer Zeit eine ähnliche Berühmtheit erlangten. Zu ihnen gehört der Kapitän der YARMOUTH CASTLE. Das Passagierschiff war 1927 in Dienst gestellt und auf verschiedenen Routen an der US-Ostküste eingesetzt worden. Zum Schluss reichte es nur noch für Miami – Nassau. In den ersten Minuten des 13.11.1965 brach in einer als Lagerraum benutzten Kammer ein Feuer aus. Es folgten Fehler, die vorher und nachher auf vielen Passagierschiffen beobachtet wurden. Die Brücke wurde zu spät informiert, die Brandabwehr war chaotisch, das unvermeidliche SOS wurde viel zu spät gesendet usw. Die Krone setzte der junge griechische Kapitän diesem Drama auf, als er mit dem ersten Rettungsboot, das die helfende FINNPULP erreichte, sein brennendes Kreuzfahrtschiff verließ. Der Kapitän der FINNPULP war darüber so wütend, dass er Kapitän Voutsinas nicht an Bord ließ und ihm befahl, zu seinem sterbenden Schiff zurückzukehren. Da in dem viel befahrenen Seegebiet schnell Schiffe zu Hilfe kamen, kostete der Seeunfall „nur“ 88 Menschen das Leben.

Ein weiterer griechischer Kapitän blieb dieser Tradition treu. Das 39 Jahre alte griechische Passagierschiff OCEANOS befand sich auf einer kurzen

Kreuzfahrt von Durban nach East London, als eine Kühlwasserleitung brach und Teile des Maschinenraums flutete. Die Maschinenbesatzung bekam das Problem nicht in den Griff und in der Nacht vom 4. auf den 5. August 1991 sank das Schiff südlich von Durban. Kapitän Yannis Avranas war einer der Ersten, die sich bergen ließen, weil er nach seiner Aussage vor laufenden Fernsehkameras ***den Rettungseinsatz von Land besser leiten konnte***.

Die SCANDINAVIAN STAR, die nach dem Brand zur REGAL VOYAGER wurde

Dass nicht nur griechische Kapitäne gelegentlich seltsame Auffassungen zur Leitung der Rettung ihnen anvertrauter Passagiere und Seeleute hatten, bewies der norwegische Kapitän Hugo Larsen. Er hatte die SCANDINAVIAN STAR gerade übernommen und befand sich mit ihr auf ihrer ersten Reise von Oslo nach Frederikshavn, als durch Brandstiftung an mehreren Stellen auf dem Schiff Feuer ausbrach. Larsen verließ das Schiff, bevor alle Passagiere abgeborgen worden waren. Das Verhalten des Kapitäns der AL SALAM BOCCACCIO 98 wurde schon von mir beschrieben. Die folgenden Worte des Koran (SURA 45, 12/1) hätten gerade ihn als Moslem ermutigen sollen, seinen Pflichten nachzukommen:

> ***Allah ist es, der euch das Meer dienstbar gemacht hat, damit die Schiffe auf ihm kursieren nach seinem Befehl und ihr nach seiner Huld trachtet.***

Der Kapitän der südkoreanischen Fähre SEWOL soll in Bezug auf die Rettung der sich auf ihrem Schiff befindenden Menschen die Reihe der nicht gerade übereifrigen Kollegen abschließen. Die fast 20 Jahre alte Fähre befand sich auf der Reise von Incheon zur größten Insel des Landes Jeju-do. Die Fähre kenterte und sank am 16. April 2014 nahe der Insel Jindo. Ihr Kapitän, der 68-jährige Lee Joon-seok, konnte sich retten, anders als die etwa 300 Passagiere und Seeleute. Die ihm anvertrauten Menschen in dieser schwierigen Situation allein zu lassen, ist unentschuldbar. Dafür wurde er zu 36 Jahren Gefängnis verurteilt.

Die TITANIC deren Untergang zu vielen unberechtigten Stories und Spekulationen Anlass gab [Bild gemeinfrei: Die RMS Titanic verlässt am 10. April 1912 Southampton von F.G.O. Stuart (1843–1923)]

Es ist außerordentlich beruhigend, dass es doch wesentlich mehr Kollegen gab, die sich um die Rettung der ihnen anvertrauten Menschen, soweit es ihnen die Situation, in der sie sich befanden, erlaubte, oft mit großem

Einsatz bemüht haben. Zu ihnen gehörten, auch wenn die Evakuierung auf ihren Schiffen oft chaotisch verlief, die Kapitäne der TITANIC (E.J. Smith) und der LAKONIA (M. Zarbis). Nur sechs Stunden bevor die Alaska-Kreuzfahrt des norwegischen Passagierschiffes METEOR vorbei gewesen wäre, geriet es am 22. Mai 1971 wahrscheinlich durch die Leichtfertigkeit eines Besatzungsmitgliedes in Brand. Dem Kapitän A. Morner und seiner Besatzung wurde später heroische Rettungsarbeit bestätigt. Auch der deutsche Kapitän Theodor Dreyer tat sich bei der Rettung der Passagiere der MONTE CERVANTES am 22. Januar 1932 hervor.

Durch die Kehle geht viel, sagte der Schipper

Der Alkohol hat in der Schifffahrt immer eine besondere Rolle gespielt, sodass das Wort von den „Blauen Jungs" stets eine doppelte Bedeutung hatte. Das hat zu einer Menge Klischees geführt, die den Seeleuten und ihrem schwierigen Leben nicht gerecht werden. Allerdings hat mancher Seemann zur Entstehung dieser Klischees sein Gutteil beigetragen. Auf die blaue Schiene sind die Seeleute durch ihre ungesunden Lebensverhältnisse gekommen. Als die Schiffe die heimischen Küstengewässer verließen und sich auf lange Reisen, vor allem auf die Entdeckungsreisen begaben, wurde Verpflegung und Wasser für die großen Besatzungen auf den doch arg kleinen Schiffen zu einem der größten Probleme.

Weinblattsiegel, der berühmteste Schnaps auf den Schiffen der DSR

Das Wasser wurde in Holzfässern mitgenommen. Johann Gottfried Seume berichtet nach seiner Reise über den Atlantik 1782 Folgendes: „Wenn ein Fass heraufgehoben und aufgeschlagen wurde, verbreitete das Wasser einen Gestank wie Styx, Phlegeton und Kokytos zusammen. Große, fingerlange Fasern machen es fast konsistent. Ohne es durch ein Tuch zu seihen,

war es nicht wohl trinkbar, und dann musste man immer noch die Nase zuhalten, und dann schlug man sich doch noch, um nur die Jauche zu bekommen."

Der dem Alkohol nicht zugetane außergewöhnliche Kapitän James Cook

Die alkoholischen Getränke wie Bier, Wein und Rum kennen dieses Problem nicht. So ist es nicht verwunderlich, dass Spaniens Armada 1588 57.000 Liter Wasser und 82.000 Liter Wein an Bord hatte. Auf diese Weise versuchte man den Teufel mit dem Beelzebub auszutreiben. Das konnte nicht gut gehen. Cook hielt sich beim Konsum von Alkohol sehr zurück. Das verhinderte aber nicht, dass seine Besatzungen während seiner Entdeckungsreisen zumindest teilweise aus den genannten Gründen betrunken waren.

Dörch de Kähl geiht väl, säd de Schipper har'n Dreimaster versapen.

Ein Borner Kapitän war dem „Stoff" zu sehr zugetan. Das ist weder ihm noch der von ihm geführten Bremer Bark APHRODITE bekommen. Das Seeamt in Bremerhaven kam 1906 zu der Auffassung, dass die grobe Fahrlässigkeit und Pflichtvernachlässigung von Albert Hauenstein während der zweiten Strandung des Schiffes beim Einlaufen in die Bucht von Playa Blanca in Kostarika am 7. Juli 1905 zur Strandung und damit zum Totalverlust des Schiffes geführt hatte. Die erste Strandung hatte das Schiff auf Juist. Danach schickte der Kapitän den Ersten Offizier nach Hause, weil er soff und von der Besatzung verhöhnt wurde. Der „Alte" war aber nicht besser. Bei der Strandung wusste er nicht, wo er war, obwohl zwei Feuer zu sehen waren. Er fuhr dann mit dem Zweiten Steuermann allein weiter, was ein Verstoß gegen die geltenden Besetzungs- und Bemannungsvorschriften war. Bis sie Punta Arenas am 3. Juli 1905 erreichten, verlief die Reise ohne Probleme. Doch dann verschlechterte sich das Verhältnis zwischen dem Kapitän und dem Steuermann. Nach übereinstimmenden Zeugenaussagen war der Kapitän häufig betrunken, während sich der Zweite durch Eifer und Tüchtigkeit auszeichnete. So kümmerte er sich um die Navigation und um die nötigen Berechnungen allein, während der Kapitän seine Wache häufig vom Bootsmann wahrnehmen ließ. Der Kapitän versuchte mit vier Knoten Geschwindigkeit in die Bucht von Playa Blanca einzulaufen, was nicht gelang. Ankern wollte er auf 22 Faden (ca. 40 m) Wassertiefe auch nicht. Gegen den ausdrücklichen Rat des Lotsen und Steuermanns versuchte er es ein zweites Mal. Dabei geriet er mit dem Zweiten in Streit, machte ihn zum Passagier und versuchte ihn zu schlagen. Der Steuermann ging unter Deck, woraufhin ihm der Kapitän folgte, um ihm die Tagebücher abzunehmen. Dabei schlugen sie sich, sodass sie getrennt werden mussten. Während der Ansteuerung verließ der Kapitän mehrfach Ruder und Deck. Wahrscheinlich hat er unten getrunken. Unsere holländischen Nachbarn hätten gesagt: ***Hij is weer onder zeil*** (Er ist wieder betrunken). Der Kapitän geriet mit dem Schiff zu dicht an die Felsen. Als er die Gefahr bemerkte, war es zum Überstaggehen und zum Ankern zu spät. Der „Alte" unternahm nichts zur Rettung der Besatzung. Er ging nach unten in die Kajüte. Die APHRODITE neigte sich plötzlich nach Steuerbord und sackte tiefer. Man versuchte den Kapitän zu retten, was nicht gelang. Er ertrank in der Kajüte. Die vom Spruch der Dänen ***Trink Wasser, so behältst du deinen Verstand*** ausgehende Warnung ist deutlich, für manchen Alkoholiker war sie aber nicht deutlich genug.

Es ist eine außergewöhnliche Geschichte, dass Alkoholmissbrauch einmal einem amerikanischen Seemann das Leben rettete. Am 12. Februar 1983 sank der 39 Jahre alte amerikanische Bulker MARINE ELECTRIC vor der Küste Virginias. Von der 36-köpfigen Besatzung wurden nur drei Mann gerettet. Unter ihnen befand sich der Chief mate. Für den 21. März hatte er einen Gedenkgottesdienst organisiert. Beim Verlassen der Kirche wurde er von einem ehemaligen Seemann des Schiffes angesprochen. Der Offizier hatte dafür gesorgt, dass dieser Seemann wegen Alkoholmissbrauchs entlassen worden war. Jetzt bedankte sich dieser bei ihm, weil er sonst unter den Toten gewesen wäre. Er sagte: „Sie retteten mein Leben. Das hat mich ernüchtert. Seitdem habe ich keinen Schluck mehr getrunken."

Alkoholmissbrauch auf größeren Schiffen, ganz besonders auf Tankern, wird selten registriert, weil dieser Teil der Schifffahrt seit Langem konsequent dagegen vorgeht. Die größten Probleme hat damit die Küsten- und Feederschifffahrt. In diesem physisch und psychisch sehr anspruchsvollen Bereich der Schifffahrt gilt immer noch der Spruch der Schweden:

Es ertrinken mehr im Glase (Schnaps) als in der See.

Ein ukrainischer Kapitän führte das Feederschiff ROBERT *mit 2,4 Promille*

Daran ist zu einem sehr großen Teil die Gesetzgebung schuld. So wurde der ukrainische Kapitän des Feederschiffes ROBERT im August 2003, weil er mit 2,4 Promille sein Schiff beim Einlaufen in Bremerhaven führte, mit der Auflage, ein Jahr lang in Deutschland kein Auto zu fahren, bedacht. Schiffe durfte er weiterhin auf Elbe, Weser oder im Nord-Ostsee-Kanal führen!

Der polnische Kapitän Zbigniew Krakowski kam nicht so glimpflich davon, nachdem das von ihm geführte Küstenmotorschiff JORK am 4. August 2007 mit der unbemannten Gasplattform ConocoPhillips Viking Echo kollidierte. Der dadurch entstandene Schaden an der Plattform soll 7 bis 10 Millionen Pfund Sterling betragen haben. Außerdem sank das Schiff, das sich mit Weizen auf der Reise von Lübeck nach England befand.

Nach eigener Aussage hatte der Kapitän eine Flasche Alkohol getrunken und während der Wache auf der Brücke am Computer gearbeitet. Dadurch hatte er die Plattform zu spät gesehen. Nach Aussage seiner Besatzungsmitglieder blieb er nach dem Seeunfall passiv auf der Brücke sitzen, während sich der Chief mate um die Rettung der Menschen an Bord kümmerte. Der „Alte“ trank weiter. Angeblich wollte er mit dem Schiff untergehen. Dann sprang er aber doch mit einem Rettungsring in die See. Weil er jedoch die Leine nicht gelöst hatte, musste er losgeschnitten werden. Er wurde in Großbritannien zu einem Jahr Gefängnis verurteilt. Es bleibt dabei: ***Trink Wasser, so behältst du deinen Verstand!***

WEITERE CHEFS AN BORD

Das Reich des Smeerlappens

„Smeerlappen“ ist einer der wenig freundlichen Ökelnamen für einen Koch. Der größte Teil der Köche, mit denen ich gefahren bin, hatte eine solche Bezeichnung nicht verdient. Unter anderen Flaggen sah und sieht das ganz anders aus.

> ***Wecker ein kann ok an all's denken,***
> ***säd de Koeksch,***
> ***don har sei vergäten,***
> ***Meddach to kaken.***

Ganz so groß, wie sie dieser Seemannsspruch beschreibt, waren unsere Sorgen nicht, als wir Anfang 1989 auf der China-Reise mit der NORDHAUSEN nicht gerade in Verpflegung schwammen. Das Schiff hatte auf der vorherigen Reise einen etwas zu hohen Bestand an Proviant gehabt. Dieser war in Absprache mit der Wirtschaftsabteilung des Flottenbereiches reduziert worden. Aber unser Koch „Kurti“ hatte offensichtlich nicht die harte Realität des Spruches ***Nur der Proviant, der auf dem Schiff ist, ernährt die Besatzung*** erfasst. Unterschätzt hatte „Kurti“ vor allem den Hunger unserer acht Lehrlinge. Jedenfalls versuchte er, den Verbrauch etwas in Grenzen zu halten. Eine Auswirkung dieses Versuchs

war, dass, wenn die Stewardessen als Letzte essen wollten, es gelegentlich nichts mehr gab. Das veranlasste die Oberstewardess, eine für „Kurti“ wenig schmeichelhafte Karikatur in Form einer Fotomontage anzufertigen. Er beklagte sich bei mir darüber. Ich konnte der Oberstewardess schlecht sagen: „Gut gemacht“, auch wenn sie mein Verständnis hatte und ich über die Karikatur lachen musste. Ich sagte ihr, dass sie sich bei „Kurti“ entschuldigen solle. Das gefiel ihr gar nicht, aber so laufen lassen konnte ich es auch nicht. Um aus dieser Bredouille herauszukommen, konnten wir uns ja nicht an den Spruch der mecklenburgischen Seeleute ***'n Mann over Bord is'n Freter minner*** (Ein Mann über Bord ist ein Esser weniger) halten. Auch wenn die Besatzung der NORDHAUSEN 41 Frauen und Männer plus zwei mitreisende Ehefrauen zählte, konnten wir ja nicht einfach jemanden über Bord werfen. Wir brachten die Reise zu Ende, ohne dass jemand verhungerte oder eine strenge Diät einlegen musste.
Dabei hatte ich es etwas leichter als die anderen Besatzungsmitglieder, weil „Kurti“ sehr schnell herausgefunden hatte, dass ich gerne Eis aß. Er rief mich am Sonntag und Seemannssonntag immer an, damit ich zum „Abschmecken“ in die Kombüse kam. Bis zur Wende gab es nur dann mit dem Umfang und der Qualität des Proviants Probleme, wenn Purser und/oder Koch mit ihrer Aufgabe nicht klarkamen. Nach der Wende sah das dann ganz anders aus. Am 28. Juni 1996 schickte ich als Kapitän der VOGTLAND das folgende Telegramm an die Reederei in Rostock:

> *Sehr geehrte Damen und Herren,*
> *habe folgendes Telex auf Grund der wiederholten schlechten Belieferung des Schiffes an Baste & Lange geschickt: „Das angelieferte Fleisch ist mehr als einmal so alt gewesen, daß es gestunken hat. Eine derartige Verpflegung kann ich meiner Besatzung nicht zumuten.“*
> *Mit freundlichen Grüßen*
> *Hans-Hermann Diestel*
> *Kapitän*

Wir, die Seeleute aus Rostock, waren nun mit der Schifffahrt dort angekommen, wo sich die meisten Seeleute dieser Welt schon seit Jahrhunderten befanden.

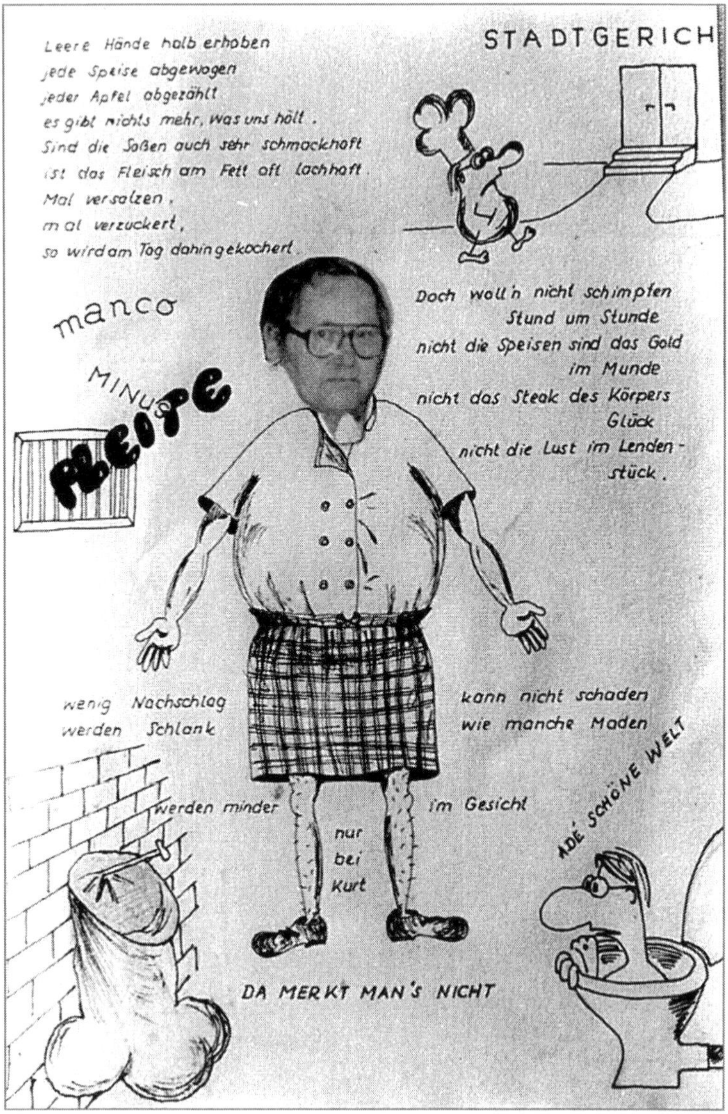

Die Karikatur zum Chefkoch „Kurti"

Brennecke berichtet über einen der nicht seltenen Fälle, in dem die selbstzerstörerische Loyalität des Kapitäns gegenüber dem Reeder, die eine unglaubliche Dummheit war, zum Tode vieler Seeleute führte.

Im August 1898 beobachteten die Menschen auf den Azoren, wie der französische Dampfer SUBIN die 1300 t große Hamburger Bark OLGA in den Hafen von Ponta Delgada schleppte. Die Bark befand sich mit einer Ladung Zucker auf der Reise von Samarang in Richtung USA. Nachdem der Segler 66 Tage unterwegs gewesen war, legten sich der Zweite Steuermann und ein Leichtmatrose in die Koje. Beide fühlten sich nicht wohl und hatten dicke Beine. Einen Tag später fiel der Segelmacher um, am Tag darauf folgte ihm der Kapitän. Ein Offizier drängte den Kapitän, einen Nothafen anzulaufen. Dieser lehnte den Vorschlag mit den folgenden Worten ab: „Ich trage dem Reeder gegenüber eine große Verantwortung. Nur wenn es unumgänglich ist, nur wenn wirklich Not am Mann ist, stimme ich einem Nothafen zu.“ Am 26. Juli starb der Zweite und am 6. Juli ein Matrose. Am gleichen Tag kam die norwegische Bark PETER UGLAND in Sicht. Sie konnte nicht helfen, da sie selbst in Not war, aber man tauschte Arzneimittel aus. Dann starb der Kapitän der OLGA. Schließlich erkrankte die ganze Besatzung. Am 24. Juli starben zwei Matrosen, ihnen folgten der Segelmacher und der Erste Offizier. Nun waren alle nautischen Offiziere tot. Damit war die OLGA ohne Führung. Nach drei Tagen sichtete sie der französische Dampfer. Dessen Kapitän schickte Proviant sowie Leute und schleppte die OLGA ein.

Die Kombüse des Teeklippers CUTTY SARK

Das folgende Sprichwort hätten die Seeleute schärfer formulieren müssen, denn, wie berichtet, ging es nicht nur um Zähne: ***Diejenigen, die ohne Zwieback in See stechen, kehren ohne Zähne heim.*** Die italienischen Seeleute müssen ähnliche Erfahrungen gemacht haben, denn von ihnen stammt der Spruch: ***Geh nicht zur See ohne (Schiffs-) Zwieback.***

Für die britischen Schiffe galt unter den Seeleuten das Motto ***Hunger und Muße***, denn auf ihnen gab es große Besatzungen, aber wenig zu essen. Als es mit den Seglern bergab ging, war es auch auf den britischen Schiffen mit den großen Besatzungen vorbei. Das hatte aber nicht zur Folge, dass es nun auf ihnen mehr zu essen gab.

Nichts ist so schwarz wie eine Kombüse

Alle Künste des Kochs sind natürlich vergebens, wenn die Proviantlasten leer sind. 1995 berichtet die St. Petersburger Presse, dass die Besatzung eines im Hafen liegenden Schiffes einen herumstreunenden Hund einge-

fangen, geschlachtet und gegessen hat. Der Funker des Schiffes erklärte die Situation mit folgenden Worten: „Wir aßen den Hund nicht, wie die Vietnamesen Hunde essen – wir waren einfach hungrig."
Meine vorletzte Reise in meiner 55-jährigen Fahrenszeit machte ich als „Ausbildungskapitän" für ein Hamburger Unternehmen auf dem Feederschiff CADIZ. Ich stieg in Ningbo, China auf das Schiff auf. Weder die örtliche Agentur noch der chinesische Kapitän waren über mein Kommen informiert worden. Das hätte fast die Erfüllung meines Auftrages verhindert. Als ich das Schiff sah, war ich geschockt. Es sah nicht gut aus. Nach einem Blick in die mir zugewiesene Kammer stellte ich nicht einmal meinen Koffer dort ab, sondern ließ die Kammer vom Bootsmann und seinen Mannen erst einmal gründlich sauber machen. Die Brücke sah aus, als wenn das Schiff auf dem Weg in den Schrott war, aber nirgendwo war der Dreck größer als im Reich des chinesischen Smeerlappens. Es gibt keinen Spruch, der, wie der folgende, die Situation besser beschreibt: ***Nichts ist so schwarz wie eine Kombüse***. Dabei erzählte mir der russische Chief mate, dass, als er aufstieg, die „Schmiede" noch schlimmer ausgesehen hatte. Nur eiserne Disziplin und ein starker Wille machten es mir möglich, das Essen herunterzuschlucken, ohne mein Unwohlsein zu zeigen. Ich habe nie verstanden, dass solche Zustände von einem Unternehmen geduldet werden können. Noch unverständlicher war, dass die Seeleute sich diesen maßlosen Dreck selbst zumuteten. Dafür gibt es keine Entschuldigung.

Weiberröcke an Bord

Dem Einfluss der Frauen auf die Gesellschaft wird seit Jahrhunderten große Aufmerksamkeit gewidmet. Er ist unbestritten. Da die Frauen in der Schifffahrt bisher keine so große Rolle spielten, sind die Aussagen zu ihrem Beitrag an Bord dünn. Auch in meinem Archiv ist die Akte „Frauen" recht schmal. Die Rolle der Frau an Bord war jahrhundertelang umstritten. Meistens wurde ihre Anwesenheit abgelehnt. Auf den Mecklenburger Schiffen gab es zu diesem Thema folgende Sprüche: „Schörten bringen

Unglück", „Wiwerröck an Boord bringt Striet un Moord", „Wenn de Schipper sin Fru an Buurd nimmt, ward slicht Wäder", „Wat will de Deuwel hier an Buurd" usw. Die Ablehnung hatte zweifellos mehrere Gründe, wobei der sexuelle Neid keine geringe Rolle spielte. Es gab aber immer Frauen, die sich, offen oder auch als Mann getarnt, an Bord durchsetzten. 1905 beging Kapitän John Weed, der viele Jahre Transatlantikschiffe geführt hatte, Selbstmord in einem Altersheim für Seeleute. Erst zu diesem Zeitpunkt wurde erkannt, dass „Er" eine Frau war. In einigen wenigen Fällen übernahmen Frauen nicht nur in einer Notsituation das Kommando. 1852 berichtete eine Glasgower Zeitung über die heroische Betsy Miller, die von ihrem Vater, dem Besitzer einer Küstenschiffsflotte, 20 Jahre zuvor zum Kapitän der CLOETUS gemacht worden war und sie seitdem immer noch führte.

Renate Brosig als Verwaltungsassistentin der HEINRICH HEINE mit Besatzungsmitgliedern auf dem Weg nach Kairo

Auf den Schiffen der DSR begann für die Frauen die Seefahrt als Köchin und Stewardess. Relativ schnell übernahmen sie die Position des Verwalters und später waren sie auch als Funkerin Bestandteil der Besatzung. In der Gegenwart ist eine Frau als Kapitän immer noch den einen oder anderen Artikel wert, ansonsten ist sie aber nicht mehr umstritten oder außergewöhnlich.

In den letzten Jahren haben mehrere Studien ergeben, dass attraktive Frauen die kognitive Leistung der Männer und damit auch des Kapitäns senken. Sein Kurzzeitgedächtnis, seine Reaktionsschnelligkeit, die Aufmerksamkeit und Fähigkeit, Entscheidungen zu treffen, werden negativ beeinflusst. Dagegen steigt seine Risikobereitschaft. Als opportunes Beispiel bietet sich Francesco Schettino von der COSTA CONCORDIA an. Die Anwesenheit der blondierten Rumänin Domnica Cemortan auf der Brücke in der entscheidenden Phase des Seeunfalls hat offensichtlich die vorher genannten Auswirkungen auf den Kapitän des Passagierschiffes gehabt.

Kapitän Rouille des französischen Seglers CERES hatte 1849 offensichtlich auch mit diesem Problem zu kämpfen. Nach der Monatsschrift für den Deutschen Seemann (No. 5, Mai 1852) sollte er das Schiff von Bahia nach Marseille führen, landete aber nach einer Kursabweichung von mehr als 1800 sm (!) in Trondheim. Sein Reeder verklagte ihn auf Schadenersatz, weil er u. a. „das Verhältnis mit einer gewissen Person, welche sich unter den Passagieren befand“, fortsetzen wollte.

Die relativ geringe Anzahl Frauen auf einem Schiff führte fast immer zu Spannungen. Das war selbst bei der Deutschen Seereederei Rostock, einer Reederei in einem Land, in dem die Frauen eine starke Stellung hatten, nicht zu vermeiden. Der E-Ingenieur, Reinhard Lachs[3], formulierte es so: „Stewardessen konnten die Truppe aufmischen, wenn sie sich nicht für einen Verehrer entscheiden konnten oder wollten.“ Die Spanier haben mit dem folgenden Sprichwort – an Land und auf See gleichermaßen zutreffend – die Macht der Frauen eindrucksvoll beschrieben:

Fesche Schenkel im Bett vermögen mehr zu fügen
als die Ochsen, die das Brachfeld pflügen.

Die Mannschaft sah es deshalb in früheren Zeiten nicht gern, dass der Kapitän seine Frau mit auf Reisen nahm. Ob die ablehnende Haltung der „Lords" Bestand hatte, hing entscheidend vom Verhalten der Frau ab. Das gilt bis in unsere Tage. Die eine oder andere Gattin eines Kapitäns kannte ihre Grenzen nicht. Als Inspektor sprach ich einmal in Rostock mit Kapitän Reinhard M., weil der Besatzung zu Recht der Einfluss seiner Frau, einer ehemaligen Oberstewardess, missfiel. Es ist unwahrscheinlich, dass die Besatzung des Schiffes den folgenden indischen Spruch kannte, aber gedacht haben sie bestimmt in diese Richtung:

> *Ein Mann, von Weiberwort getrieben, hält Unrechtes für recht, Unerreichbares für leicht zu erreichen, und Ungenießbares für angenehme Kost.*

Ich hatte das Gespräch mit meinem geschätzten Kollegen prophylaktisch, nicht im Auftrag des Flottenbereiches, geführt. Wenn dieser Umstand der Leitung des Flottenbereiches bekannt geworden wäre, hätte ich den Kapitän offiziell befragen müssen. Das wäre seiner Autorität nicht zuträglich gewesen. Dies wollte und konnte ich mit meiner Aktion verhindern. Die Reaktion seiner Frau zeigte mir aber, dass ihr das nicht gefiel. Die entgegengesetzte Situation ist erträglicher. Meine Frau beschwerte sich bei mir auf einer Fernostreise, dass sie immer alles später erfuhr als die Besatzung. Ich erinnerte sie daran, dass sie Gast an Bord und nicht Besatzungsmitglied sei. Reinhard Lachs[3] hat mit dem ihm eigenen Humor diese Situation folgendermaßen beschrieben: „In der offiziellen Rangordnung an Bord hat der Kapitän das Sagen – wenn seine mitreisende Ehefrau der gleichen Meinung ist." Willy Stock, mein erster Kapitän als Offizier auf der SCHWERIN, hatte die Größe, dies unumwunden zuzugeben. Wenn Frau Stock uns begleitete, kam er auf See gegen 22 Uhr noch einmal auf die Brücke, um nach dem Rechten zu sehen. Dann sagte er zu mir: „Hermann, du weißt, dass ich jetzt in die Koje muss. Gute Wache."

Es gibt aber auch einige bemerkenswerte Beispiele, die zeigen, dass die Frauen in Notsituationen sehr wohl „ihren Mann" stehen konnten. Die Reise der NEPTUNS CAR von New York nach Kalifornien im Sommer 1856 wird in unterschiedlichen Versionen erzählt, wobei die wesentlichen Ereignisse übereinstimmend berichtet werden.

Die II. Köchin „Irmchen" und die Stewardess „Fritzi" von der SCHWERIN mit dem Autor in Bombay

Kapitän Patten hatte seine Frau schon 15 Monate an Bord. Sie hatte sich in dieser Zeit auch mit Navigation beschäftigt. Schon vor Kap Horn erwies sich der Erste Offizier als unfähig. Als der Kapitän ihn zum Matrosen degradierte, schlug der Degradierte ihn nieder. Der Kapitän wurde schwer verletzt. Der Chief mate wurde daraufhin in seiner Kammer eingesperrt. Frau Patten übernahm das Kommando und teilte sich die Aufgabe mit dem Zweiten Offizier, der die praktische Erfahrung, nicht aber die notwendigen mathematischen Kenntnisse besaß. Gemeinsam brachten sie das Schiff im Südwinter in 18 Tagen um das gefürchtete Kap. Ungeachtet aller Probleme, einschließlich der Versuche des Ersten, die Besatzung gegen Mrs. Patten zu beeinflussen, führte sie das Schiff nach San Francisco. Der Kapitän musste ins Krankenhaus, und der Erste wurde verurteilt.

Vor wenigen Jahren erinnerte ich mich im Zusammenhang mit dem Tod eines weiblichen Kadetten auf dem Schiff SAFMARINE KARIBA an das schon erwähnte Wort unserer Vorfahren: ***Wiwerröck an Boord bringt***

Striet und Moord. Am 24. Juni 2010 soll die 19-jährige Akhona Geveza aus Südafrika über Bord gefallen sein. Vor ihrem Tod hatte sie dem Kapitän berichtet, dass sie von dem ukrainischen Ersten Offizier vergewaltigt worden sei. Der Kapitän wollte der Sache in einem Gespräch mit beiden nachgehen. Als die junge Frau nicht zu dem Gespräch erschien, wurde eine Suche eingeleitet. Stunden später fand man sie tot in der See treibend. An diesem Beispiel werden wieder einmal die selbst geschaffenen Probleme der Schifffahrt deutlich. Das Schiff fuhr unter britischer Flagge und wurde von einer „südafrikanischen" Reederei, die ihren Sitz in Belgien hat und der dänischen Maersk Reederei gehört, eingesetzt. Den Tod fand die Frau an der kroatischen Küste. Soviel ich bisher ermitteln konnte, ist, wie es zu erwarten war, nichts bei der Untersuchung herausgekommen.

Durch die Berichte seriöser maritimer Medien wird offensichtlich, dass der Fall dieser Kadettin nur die Spitze eines ziemlich großen Eisberges ist. Mit der Zivilisation (Gesitting) ist es auf zu vielen Schiffen mit Kapitänen und Offizieren, die aus von Gewalt geprägten Kulturen kommen, nicht weit her. Ich bin zutiefst davon überzeugt, dass die Norddeutschen weder früher noch heute für ein solches Verhalten zu begeistern waren oder sind. Mir ist auch kein ähnlich gelagerter Fall bekannt. Den folgenden Spruch würde ich eher als ein Mittel sehen, die mitreisenden Damen an die Möglichkeiten des Kapitäns zu erinnern und von ihnen etwas mehr Demut einzufordern. Mir hätte es jedenfalls großes Vergnügen bereitet, die Worte in dem Sinne zu verwenden.

Alle Frachten lichten, säd dei Schipper,
don schmeet hei sien Fru oewer Buurd.

In meinem Archiv habe ich nur einen Fall gefunden, in dem der Kapitän seine Frau über Bord geworfen hat. Die Blackwall-Fregatte COSPATRICK der britischen Reederei Shaw, Savill & Company beförderte in der Mitte des 19. Jahrhunderts vor allem Auswanderer und Ladung von Großbritannien nach Neuseeland. Am 17. November 1874 brannte der Segler mit 470 Menschen an Bord in den Brüllenden Vierzigern. Einen Brand auf einem hölzernen Segelschiff an diesem Ort kann man ohne Übertreibung als Vorhof der Hölle betrachten. Kapitän Ellerlie entglitt die Leitung des Seeunfalls. Das Verlassen des Schiffes verlief chaotisch. Er erreichte mit seiner Frau keines der beiden Boote des Schiffes. Daraufhin warf er seine Frau über Bord und sprang hinterher. Nur ein Boot wurde mit fünf noch lebenden Besatzungsmitgliedern gefunden. Diese hatten durch Kannibalismus an Toten überlebt. Zwei von ihnen starben dann auch noch.

Frau des Autors (Vordergrund) und Verwalterin während eines Bordfestes auf der NORDHAUSEN

Zur Ehre der weiblichen Besatzungsmitglieder und der mitreisenden Ehefrauen sei gesagt, dass sie mich nie in diese Lage gebracht haben. Es genügte auf der SCHWERIN, der Frau des Kochs anzudrohen, dass ich sie mit ausreichend Strickzeug einsperren würde, wenn sie sich in Zukunft nicht etwas mehr um ihren Mann kümmerte. Ich hätte sie auch nur sehr ungern über Bord geschmissen. Auch auf sie traf das chinesische Sprichwort zu: ***Wo sich der Hahn aufhält, ist die Henne nicht fern.***

Es gibt viele Probleme auf See, die die Seeleute seit Jahrhunderten zu der Auffassung kommen lassen, dass Seefahren kein Zuckerlecken ist. Das ist einerseits die oft miserable Verpflegung, andererseits die Unterbringung an Bord und die Behandlung durch Reeder, Manager und Behörden sowie durch den Kapitän. Es gab aber auch immer Ausnahmen, es gab immer Unternehmen und Institutionen, die sich kümmerten.

Funkraum der NORDHAUSEN, des Schwesterschiffes der SONDERSHAUSEN

Um den Leser auf die Beispiele dieses Kapitels einzustimmen, will ich aus dem Buch „White Jacket" von Hermann Melville einen inhaltlich und sprachlich sehr schönen Abschnitt anführen. Dieses Zitat hat mir der Funker der SONDERSHAUSEN auf einer Fernostreise auf einem Formular für eine Seenachricht übergeben. Es lautet: *Die Flotte ist die Zuflucht der Gescheiterten, die Heimat der Unglücklichen. Hier begegnen die Söhne des Missgeschicks den Kindern des Unsterns, und die Kinder des Unsterns begegnen dem Sprössling der Sünde ... Bankrotte Makler, Stiefelputzer, Spieler und Grobschmiede kommen hier zusammen. Und gestrandete Kesselflicker, Uhrmacher, Federfuchser, Flickschuster, Ärzte, Farmer und Advokaten tauschen ihre Erfahrungen aus und schwatzen von alten Zeiten ... Ein Schiff gleicht einem Pariser Hotel Garni, nur auf den Kopf gestellt. Das erste Stockwerk, oder Deck, ist an einen Lord vermietet, das zweite an einen Klub erlesener Gentlemen, das dritte an alle möglichen Handwerker und das vierte an einen wilden Haufen gemeinen Volkes ...*

Unter dieses Zitat schrieb der Funker: „Ist er schon bei DSR-Lines gefahren?“ Weder der Funker noch ich ahnten damals auf dieser sehr schönen Fernostreise, dass nur diejenigen, die nach 1990 auf ausgeflaggten Schiffen fahren durften oder mussten, die volle Bedeutung der Worte Melvilles erkennen würden.

Leben und arbeiten im schwimmenden Gefängnis

Der englische Gelehrte Samuel Johnson (1709–1784) hatte zu diesem Problem eine sehr klare Auffassung. Er schrieb: *Niemand mit genug Erfindungsgabe, um ins Gefängnis zu kommen, wird Seemann sein wollen, denn ein Schiff ist ein Gefängnis, das mit der Gefahr verbunden ist zu ertrinken ... Ein Mann im Gefängnis hat mehr Raum, bessere Verpflegung und im Allgemeinen eine bessere Gesellschaft.* Sprüche wie diesen habe ich schon vor 1990 in der maritimen Literatur gelesen. Ich habe es aber nicht für möglich gehalten, dass sie in unserer Zeit in einem für Nichtseeleute zweifellos unvorstellbaren Umfang immer noch gültig sind.

Schon vor 1990 konnten wir beobachten, dass es vielen Seeleuten unter anderen Flaggen nicht so gut ging wie uns. Vom 2. Dezember 1983 bis zum 3. Juli 1984 führte ich die DRESDEN. Die beiden Reisen mit dem Stückgutfrachter gingen in den Persischen Golf und nach Indien. Vor allem in Dubai, Jebel Ali und Schardscha waren damals viele Schiffe aufgelegt, aufgegeben oder lagen in der Kette. Einige hatten keine Besatzung, auf anderen kämpften die Seeleute um ihren Job, ihre Heuer oder einfach nur ums Überleben. Dass eine Besatzung einfach aufgegeben werden konnte, erschütterte mich damals. So etwas lag völlig außerhalb unserer Vorstellungen. Ich hatte zwar auch das Buch „Das Totenschiff" von B. Traven gelesen, aber das war Literatur. Für uns hatte es keinen Bezug zur Realität. Die Lage eines Seemanns, wie sie Traven im folgenden Zitat schildert, war für uns absurd:

Als ich ankam, hatte ich in Erinnerung an normale Boote gefragt:
„Wo ist denn die Matratze für meine Bunk?"
„Wird hier nicht geliefert."
„Kissen?"
„Wird hier nicht geliefert."
„Decke?"
„Wird hier nicht geliefert."
Mich wunderte nur, dass die Kompanie überhaupt das Schiff lieferte, das wir zu fahren hatten; und ich wäre nicht erstaunt gewesen, wenn man mir gesagt hätte, das Schiff muss jeder selber mitbringen.

Nach 1990 nahmen diese Fälle stark zu und wir waren auf einmal mittendrin. Man musste sich schon überlegen, bei wem man anheuerte.

Die 1984 in Dubai von ihrem Reeder aufgegebene ALMA M

Ende März 1999 lief ich mit der KOTA PERABU (TAURUS) nach 35 Jahren wieder einmal Aden an. Kurz bevor wir unseren Liegeplatz am Container-Terminal erreichten, sah ich in einer kleinen Werft eine vertraute Silhouette. Ein früheres Küstenmotorschiff der DSR hatte dort festgemacht. Gut sah das, was in der aufgehenden Sonne zu sehen war, nicht aus. Die Morgensonne enthüllte auch den früheren Namen des Schiffes – NEUBUCKOW. Das Schiff hieß jetzt AL KATIRI und war in Aden registriert. Es schien nicht mehr in Fahrt zu sein. Bei diesem und beim nächsten Anlauf versuchte ich herauszufinden, wie das Schiff in diese missliche Lage gekommen war. Das ist bei den arabischen Märchenerzählern nicht so einfach, denn sie boten mir eine Reihe widersprüchlicher Versionen an. Am 11. April konnte ich endlich der Sache auf den Grund gehen. Vom Hafenmanager erfuhr ich, dass der Name des Schiffes auch der des Besitzers ist. Mr. Al Katiri ist im Hadramaut zu Hause.

Die frühere NEUBUCKOW als AL KATIRI in Aden

Er soll nach Auffassung der Menschen in Aden, wie viele Händler und Kaufleute dieser berühmten Region, „reich“ sein. Das frühere Rostocker Kümo, das er schon am 3. Juli 1991 von der DSR übernahm und das seitdem seinen Namen trug, soll damals nicht sein einziges Schiff gewesen sein. Ein Besuch in der Werft machte am Beispiel der NEUBUCKOW das ganz gewöhnliche Elend vieler Schiffe und ihrer Besatzungen deutlich.

Seit eineinhalb oder zwei Jahren lag die AL KATIRI in der Werft, ohne dass sich etwas tat. Mister Al Katiri hatte angeblich Geld für die Reparatur des Schiffes an seinen Bruder in Aden geschickt. Dieser hatte aber dafür eine andere Verwendung gefunden. Die Besatzung bestand bei meinem Besuch aus drei Russen (Kapitän, Chief und Elektriker), zwei Somalis und einem Jemeniten. Der Einheimische war zur Zeit meines Besuches allein an Bord, da sich die Russen wieder einmal auf den Weg zum Gericht gemacht hatten, um ihre Ansprüche durchzusetzen. Die Besatzung hatte seit längerer Zeit weder eine Heuer bezahlt noch Proviant geliefert bekommen. Unter diesen Bedingungen ist es wohl normal, dass für den Generator kein Treibstoff mehr in den Tanks und dass das Schiff dadurch „tot“ war. Von den Räumen an Bord konnte ich mir nur die Messe ansehen. Für solche Umstände sah sie sauber aus, auch wenn von den Stühlen und von der Backskiste nichts mehr vorhanden war. Allerdings befanden sich ein Stich von Rostock und ein kleines Gemälde von Neubuckow noch an ihrem alten Platz. Drei weitere Stiche waren ebenfalls noch vorhanden, aber so verwittert, dass ich sie nicht mehr deuten konnte. Von der Brückennock konnte ich erkennen, dass das Fahrpult und die Geräte in der Brücke abgedeckt waren. Ob sie noch funktionierten, konnte ich nicht feststellen. Die Hauptmaschine sollte zu dem Zeitpunkt noch „gut“ gewesen sein. Deck und Luken waren nicht aufgeklart, überall lag Dreck herum. Die Luken waren offen und die Krane abgelegt. Der Zustand, in dem sich das Schiff befand, machte es wenig wahrscheinlich, dass die frühere NEUBUCKOW noch einmal auf eine Reise gehen würde. Und wenn, dann sicher nur zum Verschrotten.

Die Lloyd’s List vom 7. März 2001 berichtete über eine ein Jahr lang durchgeführte Untersuchung von Icons (International Commission on Shipping). Sie hörte Aussagen von Seeleuten, die belegen, dass die Seeleute von 10 bis 15 % der Handelsflotte der Welt unter Sklavenbedingungen bei geringer Sicherheit und langen Arbeitszeiten für wenig oder keine Heuer sowie Hungerrationen arbeiten. Warum machen Seeleute das? Als eine für mich ziemlich alberne Antwort wird oft der Spruch ***Die Seeleute sind der See hörig*** zitiert. Die finanzielle Not, die Bedürfnisse ihrer Familien haben den entscheidenden Einfluss auf das Verhalten der Seeleute. Sie haben leider oft keine andere Wahl. Ein geflügeltes Wort, das immer wieder in verschiedenen Formen und Sprachen zitiert wird, lautet: ***Für tausende von Seeleuten ist das Leben in unserer Zeit moderne Sklaverei und ihr Arbeitsplatz ist ein Sklavenschiff.***

Das MS TROPICANA war ein Sklavenschiff. Über diesen Skandal berichtete die Lloyd's List u. a. am 27. Mai 1996. Dies war einer der schlimmsten Fälle, in denen ein Schiff arretiert war, die Besatzung für beinahe drei Jahre unter furchtbaren Bedingungen lebte und am Ende ihre Heuer nicht bekam. Die Besatzung hatte in Aqaba, Jordanien dafür gesorgt, dass das Schiff in die Kette gelegt wurde, damit ihre seit sechs Monaten ausstehende Heuer überwiesen werden würde. Nach seiner Rückkehr nach Gdynia sagte der Leitende Technische Offizier: „Während des Löschens der Ladung im August 1992 in Aqaba erhielten wir etwas Proviant und Wasser. Beides reichte bis in den September. Dann wollte der Agent nichts mehr liefern, weil er vom Reeder nicht bezahlt wurde. Das Schiff verblieb am Anker vor dem Hafen in einer für die Besatzung sehr bedrückenden Situation. Während der Reedeliegezeit vertrieb das Schiff 11 Mal (die Reede bietet wenig zum Ankern geeigneten Platz, außerdem hält der Ankergrund nicht gut - HHD). Das dauerte bis Ende 1994. Dann kamen Wasser und Proviant regelmäßiger, weil das Schiff an einer Pier liegen durfte. Im April 1994 versuchten Kapitän und Erster Offizier, das Schiff nach Ägypten zu versegeln. Das verhinderte die Marine des Königreiches. Ursprünglich hatte das Gericht in Jordanien den Anspruch der Besatzung unterstützt. Nachdem das Schiff dann 1995 endgültig verkauft und die Unkosten von 500 000 US-Dollar für das Gericht und den Liegeplatz bezahlt worden waren, sollte die Besatzung zumindest einen Teil ihres Anspruchs erstattet bekommen. Das Geld verschwand aber auf dem Weg zur Besatzung." Die internationale Transportarbeitergewerkschaft (ITF) wandte sich an den König. Umsonst. Der Herrscher des Haschemiten-Reiches hatte wohl Wichtigeres zu tun. Die Besatzung sah keinen Cent. Albert Einstein sagte völlig zu Recht: ***Das Geld zieht nur den Eigennutz an und verführt stets unwiderstehlich zum Missbrauch.*** Ist es unter solchen Umständen verwunderlich, dass nicht nur Seeleute von den Philippinen, aus Afrika, Myanmar, China usw., sondern auch hoch qualifizierte Offiziere aus europäischen Ländern physisch und psychisch ***am Ende sind***?

Reeder – Manager – Räuber – Philanthrop

Ein Reeder ist laut Handelsgesetzbuch Eigentümer eines ihm zum Erwerb durch die Seefahrt dienenden Schiffes. Der Reeder ist wie der Kapitän eine der mythischen Figuren in der Schifffahrt. Die Seeleute bezeichnen als Reeder gerne jemanden, der sich um sie und ihr Schiff kümmert. Er darf hart sein, sollte sich aber wie ein Vater um sie sorgen und bemühen. Die Masse der Schiffsbesitzer ist diesem Anspruch nie gerecht geworden. Als schillerndes Beispiel sei Sammy Ofer genannt.

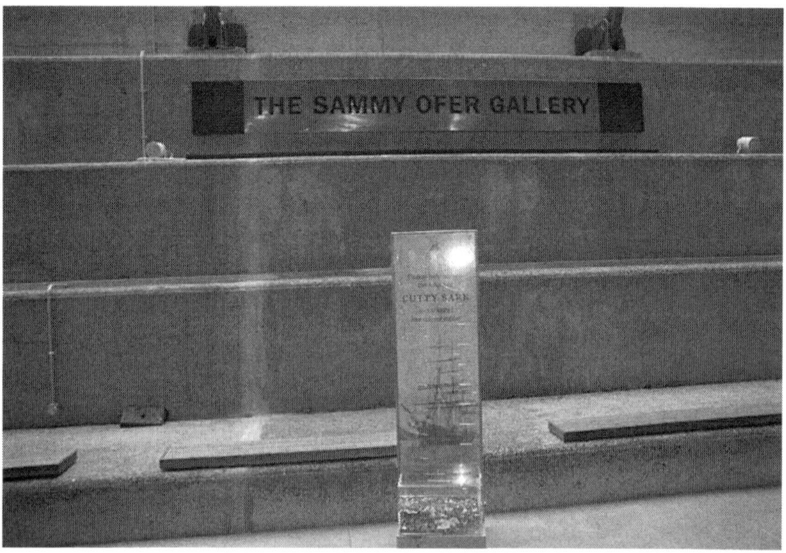

Die Sammy Ofer Galerie auf der CUTTY SARK

Die Ofer-Familie wird gewöhnlich als die reichste Israels bezeichnet. Zu ihrem Imperium gehört Zim Integrated Shipping Services Ltd., die zu den 20 größten Containerschiffsreedereien gehört, sowie die Zodiac Maritime Agencies Ltd. in London.

In dem Buch „Return of the Coffin Ships" von Bernard Edwards fand ich folgenden Bericht: „Der britische Chief der 169.000 Tonnen ‚East Bridge', die unter der Flagge Hong Kongs fuhr und von Zodiac gemanagt wurde, schrieb über seine einzige Reise mit dem Schiff: ‚Ich war der dritte Chief des Schiffes in drei Monaten. Sie war ein Wrack. ... Dieses Unternehmen erwartet, dass alle an Bord mindestens 12 Stunden pro Tag arbeiten. Darin sind der Kapitän und ich eingeschlossen. Wir beide arbeiten in einer Kombi total erledigt vom Morgengrauen bis zum Sonnenuntergang. Der größte Schock waren für mich die Lebensbedingungen. Ich wusste, dass sie keine Uniformen haben. Als ich aber in die Offiziersmesse ging und sie dort alle an den Tischen in ihren dreckigen Kombis sitzen sah, fühlte ich mich physisch krank.'" Wenn der Chief in seinem Bericht zu dem Schluss gekommen wäre, dass er bei Zodiac ***unter die Räuber gefallen sei***, wäre das keine Übertreibung gewesen. Wie bereits erwähnt gehört das Unternehmen zum Imperium Sammy Ofers. Der, inzwischen verstorben, war einer der Lieblinge des britischen Establishments, da er reichlich für das National Maritime Museum und die CUTTY SARK spendete und deshalb gern als Philanthrop und Kunstliebhaber bezeichnet wurde. Was interessiert da das Gejammer eines britischen Chiefs? Die Frage, ob ein solcher „Reeder" Philanthrop sein kann, würde ich sofort mit „Nein" beantworten, aber das Sprichwort ***Die heimlichen Diebe sind auf den Galeeren, die öffentlichen Diebe in den Palästen*** für zutreffend halten.

Die Situation hat sich in den letzten Jahrzehnten für die Seeleute in dieser Hinsicht nicht verbessert, denn die Besitzer der Masse der Schiffe sind seit Langem Fondshäuser, die den „Zahnwälten" (Zahnärzten, Anwälten usw.) ihr Geld mit sagenhaften Renditeversprechen abgeschwatzt haben, um mit diesen dadurch weitgehend der Steuer verloren gegangenen Geldern und ein paar „kleinen" zusätzlichen Subventionen Schiffe in Südkorea und China bauen zu lassen. Diese Sorte von „Reedern" sieht und bezeichnet die Seeleute als Human Resources, die man, wie andere Ressourcen, unzeremoniell entsorgen kann. Sie sind so glaubwürdig wie die Hindus in dem folgenden Spruch von Goethe: ***Die Hindus der Wüste geloben, keine Fische zu essen.***

So manchem dieser Schiffsbesitzer ist inzwischen auch ein wenig das Lachen vergangen und sie werden von Albträumen geplagt werden. Die seit 2008 kein Ende nehmende Krise führt dazu, dass die Manager der Fonds von den „Reedern" die schon einmal ausgezahlte Rendite wieder zurückhaben wollen, damit der Fonds nicht bankrott geht. Diejenigen, die für den Fonds den Einsatz der Schiffe organisieren, nennt man Manager. Auch unter ihnen gibt es gelegentlich welche, die wie die altmodischen „guten Reeder" denken. Zu welcher Gruppe von Managern derjenige gehörte, der die folgende Frage an Bord schickte, berichtete eine britische Schifffahrtszeitung nicht. Auf die Frage „Wie kann ein Unternehmen seine Kosten senken?", kam die treffende Antwort von einem Offizier: ***Indem es an der Verpflegung, der Unterhaltung*** (des Schiffes - HHD) ***und dem Personal spart.***

Über Nacht brach Regency Cruises zusammen und ließ die Besatzung der REGENT SPIRIT in Nassau ohne Klimaanlage und ohne Nahrung

Die Antwort dürfte dem Manager nicht sonderlich gefallen haben. Selten haben die Seeleute aufgrund ihrer Isoliertheit und Zersplitterung Mittel und Wege gefunden, sich zu wehren.
In dem Buch „Devon Shipwrecks" von Richard Larn habe ich eine skurrile Geschichte gefunden, die sich nur als einer der seltenen und verzweifelten Proteste der Seeleute verstehen lässt. Am 9. November 1851 hatte der finnische Segler POLLUX Dublin in Ballast auf dem Weg nach Alexandria verlassen. Kurz nach dem Auslaufen wurde er von einem furchtbaren Sturm getroffen. Der Ballast ging über und die POLLUX erlitt eine erhebliche Schlagseite. Sie konnte nur durch das Kappen ihres Groß- und Besanmastes gerettet werden. Die POLLUX trieb hilflos in den Bristolkanal, wo sie am 6. Dezember von zwei Lotsenbooten gesichtet wurde. Die Lotsen gingen an Bord, um ihre Hilfe anzubieten. Zu ihrem Erstaunen verließ nun die Besatzung das Schiff. So mühten sich die Bewohner der Küste Devons, das Schiff auf die Reede von Clovelly zu bringen. Am nächsten Tag kam mit Ausnahme von Kapitän Lindström die Besatzung zurück an Bord. Sie half nicht dabei, den Segler in den Hafen von Bideford zu dirigieren. Auf dem Weg in den Hafen strandete die POLLUX zwei Mal. Der Versicherungsagent war so verzweifelt, dass er einen Schlepper anforderte. Als der Schleppzug bereits eine halbe Stunde unterwegs war, durchtrennte einer der Seeleute die Schleppleine absichtlich. Das Schiff trieb nahe der Pier hilflos auf den Strand und war verloren.
Wie es bei dieser Sorte von „Reedern" aussieht, hat die britische Fachzeitschrift FAIRPLAY in einer kleinen Satire am 10. Februar 1983 mit folgenden Worten beschrieben:
„Ich bin in der Schifffahrt", sagte der erste gut angezogene Reeder. „Das garantiert mir ein Anlagevermögen, das ich ohne Probleme von einem Land in ein anderes verlegen kann. Das ist besonders wichtig, weil Immobilien dieser Tage unsicher sind."
„Soweit es mich betrifft", sagte der zweite gut angezogene Reeder, „erlaubt mir die Investition in die Schifffahrt ein beachtliches Kapital bei sehr geringem Risiko und sehr geringem finanziellen Einsatz aufzubauen. Ich muss nur den Vorteil der mir angebotenen außerordentlich günstigen Finanzierung erkennen und nutzen. Sie würden erstaunt sein zu sehen, wie weit die Regierungen mir entgegenkommen, damit ich Schiffe in ihrem Land bauen lasse. Sie dann zu betreiben, ist völlig nebensächlich."

„Mein Buchhalter führte mich in die Schifffahrt", sagte der dritte makellose Reeder. „Dadurch kann ich das gesamte Vermögen der Gruppe gegen das des Schifffahrtsbereiches ausgleichen. Schiffe? Sie sind ein elender Störfaktor, aber wir können es uns nicht leisten, sie nicht zu haben."

„Ich kaufe Schiffe und Reedereien", sagte der vierte Reeder, seine seidene Krawatte glättend, „sie haben unglaublich niedrige Preise, weit unter ihrem wirklichen Wert. Es ist wunderbar, einen Fuß in dieser Tür zu haben."

„Ich bin in der Schifffahrt tätig", sagte ein ziemlich abgerissen aussehender, von Sorgen gezeichneter Reeder, „weil ich glaube, dass der internationale Seetransport wichtig ist, und weil der Betrieb effizienter, gut gemanagter Schiffe befriedigend und ein einträgliches Geschäft ist. Zumindest ist es das, was ich glaube."

Die Zahl der Betrüger und Räuber, die sich an den Seeleuten mästen, ist Legion. Es gibt einige, die dabei noch gewisse Grenzen einhalten, und andere, die diese nicht kennen. Für beide gilt der schon lange in der Schifffahrt kolportierte Spruch: ***Es wird nicht in der Schifffahrt, es wird an der Schifffahrt verdient.***

Gier frisst Verstand

Die Gier der unterschiedlichsten Art von Gaunern, Betrügern und Banditen kann sich auf See ohne allzu großes Risiko austoben, weil die internationale Schifffahrt mit ihren Organisationsformen es ihnen sehr leicht macht. Der folgende indische Spruch hat also auch auf See seine Berechtigung.

> ***Gier ist das Schlimmste auf der Welt: Sie schafft ständig Unruhe, bringt vielfaches Unrecht mit sich, ist von schrecklicher Heftigkeit und zieht überall Böses nach sich.***

Die Seeleute haben für dieses Spezialgebiet nur wenige Sprüche entwickelt. Goethe mit seiner Weisheit wird uns helfen, dieses Problem zu verstehen.

Die Gier verleitet seit Jahrhunderten Schiffseigner und Kapitäne dazu, Versicherungen, Ladungsbesitzer, Schiffshändler und andere Ausrüster mit unterschiedlichsten Methoden zu betrügen. Der Verkauf von Ladung und das „Wegsetzen" (abgeleitet vom holländischen „weggebracht") von Schiffen hat eine lange Tradition. Holländische Kaufleute organisierten das Geschäft in früheren Jahrhunderten sehr effektiv, indem sie gemeinsame Sache mit Seeräubern und Kaperern machten. Oft kauften sie die von den Piraten „geraubten" Güter sehr billig zurück. Dies führte dazu, dass der 3. Herzog von Alba, Fernando Álvarez de Toledo y Pimentel, als Statthalter der Niederlande 1569 die Versicherung von Schiffen verbot.

Die vor Montevideo „weggesetzte" CALPEAN STAR

Vor allem in Zeiten von Schifffahrtskrisen beteiligten sich mecklenburgische und pommersche Kapitäne am „Wegsetzen" ihrer Schiffe. Für manchen schien dies die letzte Rettung zu sein. Am 19. August 1878 gab das Seeamt Rostock seinen Spruch zum Seeunfall des Rostocker Schoners OTTO & FRIEDA bekannt. In ihm hieß es, „dass seiner Ansicht nach der begründete Verdacht vorliegt, dass der Untergang des Schoners durch den Kapitän Gallas absichtlich herbeigeführt ist, während ein Verschulden der Mannschaft nicht vorliegt". Gallas war nicht zu beneiden, denn die Zeiten waren schlecht und die Frachtraten entsprechend. Das sieben Jahre alte Schiff strandete unter seiner Führung am 16. Januar 1878 an der Nordküste von Jütland. Es musste, damit man es abbringen konnte, geleichtert werden. Anschließend wurde es in Frederikshavn repariert. Um dies bezahlen zu können, nahm er eine Anleihe von 12 400 Francs auf. Das Schiff war aber aufgrund einer Reparatur, die ein vorheriges Kentern des Schiffes erforderlich gemacht hatte, schon mit einer Schuld von 8400 Mark belastet. Die Schulden waren inzwischen größer als der Wert des Seglers. Gallas versicherte das Schiff mit 12 400 Mark. Wenn er mit dem Schiff den Bestimmungshafen Brügge erreichen würde, war er ein ruinierter Mann. Verlor er aber das Schiff, konnte er über die Versicherung die Schulden zurückzahlen und es blieb noch etwas von der Versicherungssumme übrig. Sein dilettantisches Vorgehen wurde zu seinem größten Problem. Er redete zu viel, kaufte Bohrer, was nicht unbeobachtet blieb, und hantierte, was seine Besatzung bemerkte, in der Luke herum. Außerdem schwamm das Schiff noch viele Stunden, nachdem er es mit seiner Besatzung aufgegeben hatte. Als er in Dänemark eine Verklarung ablegen wollte, wurde er verhaftet. In der Nacht vom 6. auf den 7. März erhängte er sich im Stadtgefängnis. Für Gallas und einige weitere Kollegen traf der Spruch ***Gier frisst Verstand*** aufgrund der miserablen wirtschaftlichen Bedingungen für die Schifffahrt nicht unbedingt zu. Das Ober-Seeamt in Hamburg kam bei Kapitän Albert Klickow zu folgendem Schluss: „... daß die Brigg ‚Hulda' (von Stralsund - HHD) am 25. Februar 1885 unter Umständen verlassen worden ist, welche deren Aufgabe nicht als berechtigt erscheinen lassen, daß dem Schiffer Albert Klickow die Befugnis zur Ausübung des Schiffergewerbes zu entziehen ist ..." Er hatte seinen Segler mit 40 000 Mark versichert. In einem weiteren Fall kam das Seeamt Stralsund am 12. Oktober 1885 zu dem Spruch: „... daß der Verlust bei Antritt der Reise der nicht mehr ganz seetüchtigen Bark ‚Ernst Wilhelm' (von Barth - HHD) darauf zurückzuführen ist, daß dieselbe am 15. August 1885 nachmittags von dem Schiffer J.E. Gierow angebohrt ist ..." Das Seeamt Bremerhaven verkündete am 9. Oktober 1886 für den Seeunfall des Stralsunder Schoners CAROLINE den bemerkenswerten Spruch: „Wenn das Seeamt nach dem oben Bemerkten nicht in der Lage ist, einen Verdacht auszusprechen, so ist dem Reichscommissar doch darin zuzustimmen, daß es höchst auffallend erscheinen muß, daß innerhalb einer Frist von nicht 2 Jahren drei Stralsunder Schiffe, nämlich am 15. November 1884 die Galeasse ‚Minna', am 18.

Dezember 1885 die Brigg ‚Fortuna' und am 10. September 1886 der Schooner ‚Caroline', nachdem dieselben kurz vorher mit einer Ladung Petroleum den Hafen verlassen hatten, auf der hiesigen Rhede auf völlig unaufgeklärte Weise in Brand gerathen sind ..."

Gier frisst Verstand trifft aufgrund der Cleverness von Frederick Soudan, dem Verantwortlichen im Falle des Tankers SALEM, ebenfalls nur begrenzt zu. Seine Gier war zweifellos groß, aber sein Verstand arbeitete gut. Man stelle sich folgende Situation vor:

- ein vercharterter Tanker, der unter der Flagge Liberias mit tunesischer Mannschaft und griechischen Offizieren fährt
- ein Tanker, der in Kuwait Öl für eine italienische Firma übernimmt, das dann während der Reise an den britisch-niederländischen Konzern Shell verkauft wird
- ein Tanker, der illegal Durban anläuft und dort unter Verletzung des UNO-Embargos den größten Teil der Ladung löscht
- ein Tanker, der danach am 17. Januar 1980 an der senegalesischen Küste versenkt wird.

Wer soll ein solches Gaunerstück untersuchen? Der Flaggenstaat Liberia, Griechenland, von wo die Schiffsführung stammte, Italien als zeitweiliger Besitzer der Ladung, Großbritannien oder die Niederlande für den Shell-Konzern oder Südafrika, das das UNO-Embargo bewusst gebrochen hatte? Die Griechen ließen sich sehr viel Zeit dabei, aber letzten Endes wurde Soudan gefasst, an die USA ausgeliefert und in Houston zu 35 Jahren Haft verurteilt. Nach nur dreieinhalb Jahren floh er aus dem Gefängnis. Bei manchem Kapitän waren sich die Untersuchungsorgane nicht sicher, ob sein Schiff durch seine maßlose Dummheit oder durch geschickt eingefädelten Betrug verloren gegangen war.

Ein solcher Fall war das Sinken der ANTACUS, die die Flagge Liberias führte und sehr wahrscheinlich einem Reeder aus Taiwan gehörte. Im Sommer 1984 wurde sie in Hamburg, Bremerhaven und Antwerpen mit Stahlprodukten für US-Häfen beladen. Kapitän Chen führte eine rein chinesische Besatzung. Im Atlantik traf sie auf Bft. 7 mit entsprechender See. Das Schiff arbeitete heftig in der See. Offensichtlich war die Ladung im Raum nicht ausreichend gesichert oder die Laschings brachen, was für den Kapitän kein Grund war, die Geschwindigkeit seines Schiffes zu reduzieren. Die Ladung wurde weder kontrolliert noch nachgelascht. Es kam, was kommen musste: In zwei Laderäumen kam es zum Wassereinbruch. Bei einer Kontrolle bemerkte ein Ingenieur, dass der Rohrtunnel geflutet war. Er rief den Chief, der den Betrieb der Hauptmaschine auf Diesel umstellte und die Umdrehungen der Hauptmaschine reduzierte. Den Kapitän informierte er nicht. Das tat der Wachoffizier auf der Brücke. Erst jetzt befahl der Kapitän eine Kontrolle der Laderäume. Der Chief mate kam zu dem Ergebnis, dass mindestens 2000 t Wasser in den Räumen waren. Der Funker wurde angewiesen, den Notruf „Mayday" zu senden, aber ohne dass die Meldungen eine Position enthielten. Mit viel Glück gelang es der Besatzung, das Schiff mit einem Rettungsboot zu verlassen. Die Liberianer kamen zu der Auffassung, dass der Chief ohne Absprache mit dem Kapitän in unverantwortlicher Weise die Maschine eigenmächtig abgestellt hatte. Das beweise seine Inkompetenz. Beim Kapitän kamen sie zu dem Ergebnis, dass er als Schiffsführer völlig versagt hätte, weil er weder den Chief noch den Funker entsprechend kontrolliert und angeleitet hatte. Außerdem hätte er das Schiff voreilig aufgegeben. Die nicht zu übersehende Reihe schwerer seemännischer Fehler bei der Beladung und Führung des Schiffes ließ die Untersuchungskommission zu der Vermutung kommen, dass die ANTACUS absichtlich versenkt worden sein könnte, was aber nicht zu beweisen war. Dem Kapitän wurde das liberianische Patent auf Lebenszeit entzogen. Das dürfte er verschmerzt haben, denn er hatte bestimmt ein weiteres aus Taiwan. Wäre das Rettungsboot nicht zufällig von einer Jacht gesichtet worden, hätte das Unternehmen für die Seeleute übel ausgehen können. Gesucht wurde aufgrund ihrer stümperhaften Meldungen nicht nach ihnen. Für einen solchen Fall haben die Seeleute den Spruch ***Das Meer meckert, dass es Wasser möchte*** geprägt.

Die Nachfolger von Odysseus bewiesen sehr viel mehr Einfallsreichtum und Geschick beim „Wegsetzen" und „Abfackeln" ihrer Schiffe. Athen war in den 70ern das weltweite Zentrum des maritimen Betrugs. Partner der Griechen waren die libanesischen Bürgerkriegsparteien mit ihren zahlreichen inoffiziellen Häfen und Reeden. Die Leidtragenden waren vor allem

Kaufleute in Saudi Arabien und Nigeria, die dadurch einen Teil ihres neuen Ölreichtums gleich wieder verloren. Leidtragender war auch mancher Reeder sowie manche Versicherung, die sich die falschen Partner ausgesucht hatten. Bei den Versicherungen habe ich dies nie verstanden, weil sie über viele Informationen verfügen und wussten, dass in den Buchten um Piräus herum die Schiffe reihenweise brannten und griechische Schiffe gern auf die Felsen der vielen Inseln im Roten Meer liefen, wo es keine Bergungsschlepper, Aufpasser und Ermittler gab. Auf sie trafen Goethes Worte im „Faust“

Nach Golde drängt,
am Golde hängt doch alles

ganz besonders zu. Ungeachtet allen Wissens und ihrer enormen Erfahrung auf diesem Spezialgebiet gelang ihnen nicht jedes Unternehmen.

Anfang der 70er Jahre des vorigen Jahrhunderts fotografierte ich den Stückgutfrachter TORENIA auf der Innenreede von Havanna.

Die TORENIA auf der Innenreede von Havanna

Dieser 8077 BRT große Stückgutfrachter war ein häufiger Gast kubanischer Häfen, um Zucker zu laden und diesen z. B. nach Yokohama zu transportieren. Im April 1979 schlossen seine Besitzer eine Charter ab, die das Schiff verpflichtete, eine Ladung Zucker von Kuba nach Dänemark zu bringen. Die Ladung hatte einen Wert von über einer Million Pfund. Am 13. April traf die TORENIA auf dem Atlantik auf schlechtes Wetter, in dem das Schiff schwer arbeitete. Nachdem das Wetter etwas besser geworden war, stellte man in Luke 3 einen Wassereinbruch fest. Das Wasser erreichte bald das Zwischendeck in der Luke, und am 15. April ließ der Kapitän SOS senden. Nach dem Untergang des Schiffes wollte der Besitzer der Ladung 1.017.232,81 Pfund vom Reeder haben. Das Gericht gab ihm recht, weil bewiesen werden konnte, dass das Schiff heruntergekommen und damit seeuntüchtig war. Die Vermutung, dass es sich um ein „Wegsetzen" des Schiffes handelte, konnte nicht bewiesen werden. Das war auch nicht mehr nötig. Hier hatte sich einmal eine Versicherung erfolgreich zur Wehr gesetzt. Für die in diesem Fall und für die an der folgenden Räubergeschichte Beteiligten trifft ***Hölle, Geizhals und Meer wollen immer mehr*** zu.

Die GEORG HANDKE nach ihrem Verkauf durch die DSR als ARTEMIS 1 auf der Reede von Suez

In sehr unterschiedlicher Weise wurden zwei Mecklenburger Schiffe in die Machenschaften dieser maritimen Banditen einbezogen. Die GEORG

HANDKE der DSR war es Gott sei Dank nur dem Namen nach. Der geistige Vater eines ausgeklügelten Betruges war ein Amerikaner, der damals „der Pate des Mittelmeeres“ genannt wurde. Er nutzte für seine Betrügereien vier Schiffsnamen von überhaupt oder zumindest in der beschriebenen Form nicht vorhandenen Schiffe.

Einer der Namen war der des DSR-Schiffes GEORG HANDKE aus Rostock. Ein Unternehmen aus Muskat, der Hauptstadt des Sultanats Oman, kaufte von einer griechischen Firma 12 600 t Zement. Ein Konnossement wies aus, dass die GEORG HANDKE, deren Name angeblich vorher OSIA IRINE gewesen war, diese Ladung übernommen hätte. Das Konnossement zeigte den Bestimmungs-, aber nicht den Ladehafen. Aufgrund des Konnossementes, datiert am 10.11.1977, eines Garantiebriefes und weiterer Dokumente, die alle gefälscht waren, wurde die Fracht für die Beförderung der Ladung in Höhe von 592 000 US-Dollar ausgezahlt. Die Omanis warteten nun auf ihre Ladung. Zuerst schien es keine Probleme zu geben. Dann erhielten sie mehrere Telexe von der angeblichen Reederei des Schiffes aus Limassol, die anscheinend vom Schiff stammten und mit „Kapitän GEORG HANDKE“ unterschrieben waren. Einen Namen konnte der Kapitän nicht haben, denn den Namen des Rostocker Kapitäns konnten sie wohl schlecht angeben. In der ersten Nachricht hieß es, dass das Schiff „einige kleinere Reparaturen“ in Piräus ausführen müsse. Zehn Tage später wurden die Omanis informiert, dass der Stückgutfrachter wegen weiterer Reparaturen das damals noch zu Äthiopien gehörende Massaua anlaufen würde. Ein paar Tage später wurde mitgeteilt, dass die nötigen Ersatzteile noch nicht eingetroffen seien. Nach dieser Nachricht wurden die Omanis von der britischen Botschaft informiert, dass eine GEORG HANDKE in Assab, südlich von Massaua gelegen, eine Ladung Zement lösche. Die Omanis wollten daraufhin ihre Ladung von den Äthiopiern haben. Sie mussten sich schnell belehren lassen, dass ihre GEORG HANDKE niemals existiert hatte. Während die im Konnossement genannte GEORG HANDKE angeblich den Zement übernahm, befand sich das real existierende DSR-Schiff, das auch nicht der in den Papieren angegebenen Beschreibung entsprach, in Kiel. Weitere Ermittlungen ergaben, dass von dem genannten Hersteller kein Zement verkauft und dementsprechend auch in keinem griechischen Hafen eine derartige Partie verladen worden war. Das einzig Reale an dieser Geschichte waren die 592 000 US-Dollar, die nun futsch waren. Vielleicht sollte jemand den Omanis empfehlen, gelegentlich Goethe zu lesen, von dem der Spruch ***Name ist Schall und Rauch*** stammt.

Im folgenden Fall waren Schiff und Name aber ganz real. Im Dezember 2002 übernahm die PANCIU, ein 1980 von der Warnowwerft in Warnemünde für die rumänische Reederei NAVROM gebauter Stückgutfrachter vom Typ „Ozean", in Alexandria eine Ladung gesackten Zements.

Die von der Warnowwerft in Warnemünde gebaute PANCIU

Die Ladung war für zwei Empfänger in Conakry, Guinea bestimmt. Auf See wurde aus der PANCIU die CIUTA, die dann keinen Grund mehr sah, ihren Reiseauftrag zu erfüllen. Sie lief Banjul in Gambia an, wo der Zement an einen lokalen Händler verkauft wurde. Das Schiff wurde auf Anweisung des Obersten Gerichts von Gambia arretiert, nachdem ein ortsansässiger Schiffsagent das IMB (International Maritime Bureau) über diese Vorgänge informiert hatte. Es wurde auch eine ständige Wache an Bord eingerichtet. Die Anwesenheit eines Wächters hielt den Kapitän des unter nordkoreanischer Flagge laufenden Schiffes nicht davon ab, den Hafen unerlaubt zu verlassen. Das IMB nahm zu dem Zeitpunkt an, dass das Schiff von einer libanesischen kriminellen Organisation kontrolliert wurde. Es war auch als LADY DORIS, ELIZABETH und SAPPHIRE im Einsatz. Da hatte Schiller doch recht, wenn er in Kabale und Liebe sagt: ***So viel Geld läßt sich weiß Gott nicht mit etwas Gutem verdienen.***

Anfang November 1996 lag die JAHAN an der Pier in Santos und lud Zucker

In und um Afrika herum passieren sehr viele wundersame Dinge. Selbst wenn Dschalal Ad-Din Rume um 1250 ein persischer Mystiker und Dichter war, kann ich mir nicht vorstellen, dass seine Phantasie so weit reichte, um sich vorzustellen, dass sein nachfolgend zitiertes Gedicht mit einer Zeile ergänzt werden könnte, in der der Fisch dann als Schiff wieder auftaucht und in Afrika anlegt.

> *Ich sah ein Meer im Sturm, wo Wogen mit*
> *Gezische sich brachen und erloschen in weißem*
> *Schaumgezische. Auf diesem Meere sah ich,*
> *wie untergingen Schiffe, dann auftauchten*
> *verwandelt und fortschwammen als Fische ...*

Aber genau so war es. Am Weihnachtstag 1996, etwa 600 sm von der südafrikanischen Küste entfernt, teilte der Kapitän des Stückgutfrachters JAHAN über Funk mit, dass der betagte Frachter sinken würde. Zusammen mit 28 Besatzungsmitgliedern aus Bangladesch, Burma (Myanmar) und Indien unter der Leitung eines Kapitäns aus Ghana befand er sich mit

15 000 t Zucker auf der Reise nach dem Irak. Die Meldung besagte, dass alle Seeleute das Schiff verlassen hätten, nachdem das Schiff Wasser gemacht habe. Südafrika schickte Schiffe und Flugzeuge, um die Seeleute zu retten. Sie fanden nichts. Schiff und Besatzung waren spurlos verschwunden. Nach 11 Tagen wurde die Suche eingestellt. Der Vorgang war unerklärlich, denn das Wetter war gut und die See ruhig. Das Schiff war 1972 gebaut worden und gehörte zum Typ „SD 14“. Eine Serie einfacher und preiswerter, aber durchaus seetüchtiger Stückgutfrachter, die britische Werften entwickelt und sehr erfolgreich an Reeder in aller Welt verkauft hatten. Die JAHAN fuhr unter der Flagge Belizes und gehörte einer Briefkastenfirma in Panama. Eingesetzt wurde sie von Singapur aus. Im Januar 1997 tauchte das Schiff als ZALCOSEA II in Tema, Ghana wieder auf, wo der Kapitän die 3,5 Mio. US-Dollar teure Ladung verkaufen wollte. Man fand schnell heraus, dass es sich bei dem Frachter um die JAHAN handelte. Das Schiff wurde beschlagnahmt und die Besatzung verhaftet. Der Kapitän der JAHAN hätte sich besser an George Washington halten sollen. Der erste Präsident der Vereinigten Staaten hatte in seinen Moralischen Maximen geschrieben: ***Ich hoffe, dass ich immer die Festigkeit und Tugend besitze, um mir den beneidenswertesten von allen Titeln, den eines „ehrlichen Mannes“, zu bewahren.*** Aber wie soll man das von einem Kapitän erwarten, wenn das nicht einmal jeder der Nachfolger Washingtons in Washington konnte.

Den Fall der DELTA SIGMA PI habe ich mit besonders großem Interesse verfolgt, weil ich 1979 das Wrack des Schiffes mit der FRIEDRICH ENGELS an der Lotsenstation von Bangkok passierte und es dadurch auch fotografieren konnte. Das Stückgutschiff war das Opfer eines Profis und eines Amateurs, wobei der Profi Shin Yung Man aus Hong Kong den Amateur aus Singapur nicht nur als Gehilfen bei dem Verbrechen missbrauchte, er nahm ihn auch noch gnadenlos aus.

Die an der Lotsenstation von Bangkok versenkte DELTA SIGMA PI

Der Amateur musste sich hinterher bitter eingestehen, dass ein Amateur sich nicht mit Profis einlassen soll. Ich gehe davon aus, dass auch der Mann aus Singapur die weisen Worte Goethes nicht kannte: ***Das wahre Glück ist die Genügsamkeit***. Die Beachtung dieser Maxime hätte ihn ein glückliches Leben führen lassen. Das ausgesuchte Schiff passte ausgezeichnet in die ihm zugedachte Rolle. Es war 1954 als MAGNUS STOVE vom Stapel gelaufen. Nach zehn Jahren wurde aus ihm die JAG TARA. In den folgenden Jahren war es mehr oder weniger erfolgreich als MAHAG JAG TARA, MAHAVIKRAM und HWA LUNG unterwegs. 1977 ging der Frachter als PIONEER EAGLE an eines der vielen Unternehmen der Shin-Familie. Dort war er als ADVENT und AMARANTOS im Einsatz. 1978 erhielt er seinen letzten Namen: DELTA SIGMA PI. Im Verlaufe der letzten Jahre hatte sich das Schiff eine lange Liste von Mängeln und Schäden – an der Ruderanlage, Feuer im Maschinenraum, Abschleppen wegen Maschinenschadens usw. – erarbeitet. Als DELTA SIGMA PI lief der 3982 Tonnen große Frachter Bangkok an. Dort blieb er mehrere Monate. Die Besatzung wurde vervollständigt. Der Kapitän kam aus Taiwan. Einige Mannschaftsmitglieder hatten schon den Untergang von zwei Shiu-Schiffen erlebt. Sie kannten sich aus in dem Geschäft, ein Schiff „wegzusetzen". In Bangkok lud das Schiff, entsprechend den später präsentierten Papieren, 118.000 Säcke Reis und 5.000 Behälter mit Fischkonserven. Die Ladung im Wert von 2,5 Mio. US-Dollar war für Lagos bestimmt. Die erste Frage ist: Wer war so dumm und vertraute eine so wertvolle Ladung einem Rosteimer, der nicht einmal 150.000 US-Dollar wert war, an? Goethe schreibt zweifellos aus gutem Grunde im „Faust": ***Die Zeiten der Vergangenheit sind uns ein Buch mit sieben Siegeln*** ... Bei einer solch wertvollen Ladung wäre jeder Ablader gut beraten gewesen, sich ein wenig mit der Vergangenheit des Schiffes und seines Reeders zu beschäftigen. Am 9. April 1978 sollte die Reise beginnen. Die DELTA SIGMA PI schaffte aber nur wenige Meilen auf dem Chayo Phraya, dann versagte ihre Maschine den Dienst. Nach fünf Tagen ging es weiter in Richtung See. Für eine Strecke, für die sie normalerweise zwei Stunden benötigt hätte, brauchte sie sechseinhalb Stunden. Am 15. April kurz nach Mitternacht stieg der Lotse ab, was dem Kapitän ganz recht war, denn der lokale Berater begann damit, peinliche Fragen zu stellen. Er machte sich Gedanken darüber, wie das Schiff Nigeria erreichen sollte, wenn es nicht einmal die kurze Reise auf dem Fluss schaffte. Kurz nachdem der Lotse weg war, „brach" an Bord ein Feuer aus und das Schiff sank. Der Kapitän und seine Helfer erwiesen sich aber als Pfuscher. Die Aufbauten, die Back und das achtere Deckshaus blieben über Wasser. Damit war es ziemlich einfach, das Schiff zu untersuchen. Wie sich herausstellte, waren die Laderäume zum größten Teil leer, das Feuer offensichtlich gelegt. Der Amateur sah sich einer Reihe von zivil- und strafrechtlichen Prozessen gegenüber. Der Profi Shiu lebte ungestört, von Polizei und Justiz unbehelligt, weiter in Hong Kong.

Gier und Habsucht treiben auch den Schmuggel von Gütern, Waffen, Drogen oder Menschen an. Es ist erstaunlich, dass ich keinen den Schmuggel betreffenden Seemannsspruch gefunden habe, denn der Schmuggel ist ein uraltes Geschäft der Schifffahrt. Auch in diesem Fall hilft Goethe. Er traf mit ***Was ist unser höchstes Gesetz? Unser eigener Vorteil*** den Kern des Problems. Worum geht es sonst beim Schmuggeln? Welcher Seemann hat nicht geschmuggelt oder es zumindest einmal versucht? Auch die DSR-Seeleute taten es. Die meisten von uns waren aber in dieser Frage blutige Amateure. Dazu zähle ich auch die Seeleute der Küstenmotorschiffe, die diesem Geschäft mit dem Verkauf von Schnaps in Skandinavien regelmäßig nachgingen. Es gab aber auch ein paar Ausnahmen. Dazu gehörten vor allem Seeleute, die mit ihren Schiffen nach Lateinamerika fuhren. Dort gab es eine völlig ungefährliche Art, dieses Geschäft zu betreiben, indem man es zusammen mit dem Zoll machte. Als Erster Offizier der RÜGEN war ich einmal daran beteiligt. Wir übernahmen in Montevideo eine größere Menge Zigaretten, die sich der Zoll auf Reede wieder abholte. In Rostock wurde die Reederei durch ein anonymes Schreiben davon unterrichtet. Das führte zur Degradierung meines Chefs, und mir wurde die Delegierung zur Staats- und Rechtsakademie Potsdam gestrichen. Dem anonymen Schreiber vom Schiff bin ich sehr dankbar. Seine Aktion verhinderte, dass ich die Seefahrt aufgab. Dadurch konnte ich werden, was ich dann geworden bin. Aber wie der Elektroingenieur Reinhard Lachs zu Recht sagte: „Wir schmuggelten die Flaschen und die Polen die Paletten mit (vollen) Flaschen Schnaps.“ Wir blieben bis zum Ende unserer Seefahrt ungefährliche Amateure. Die Medien berichten häufig über Drogenschmuggel in verschiedenster Form. Dabei sind Schiffe ein sehr effektives Mittel, um die Drogen weltweit zu vertreiben. Ständig werden Schiffe mit Kokain oder Marihuana in Häfen entdeckt oder auf See aufgebracht. Dumm sind die Seeleute, die sich daran beteiligen. Das ist aber nicht die Regel. Wenn es um Schmuggel geht, sollte man immer daran denken, dass die Regierungen mit ihren Gesetzen, Boykotten, Steuern und Verboten sowie der ausufernden Korruption die Grundlage für dieses blühende Geschäft legen. Oft genug sind sie auch selbst daran beteiligt. Das war so in China, in Montenegro, Libanon, Philippinen, Indonesien usw. Jahrelang habe ich die kleinen Küstenmotorschiffe in Larnaca gesehen, die, vollgestopft mit Zigaretten, zwischen dem Libanon und Montenegro verkehrten. Für den Schmuggel auf und mit den Schiffen sowie an Land gilt das chinesische Sprichwort: ***Sobald die Kontrolle nachlässt, bricht das Chaos aus***. Wie kann es eine Kontrolle geben, wenn die Chefs involviert sind?

Skrupellosigkeit und Brutalität sind in der Schifffahrt nichts Außergewöhnliches. Piraterie, brutale Raubzüge und Menschenhandel wurden schon kurz nach der Geburtsstunde der Schifffahrt ein fester Bestandteil ihres täglichen Geschäfts. ***Über Leichen gehen*** kann man auch auf See. Dabei können die Seeleute sowohl Täter als auch Opfer sein. In einigen Fällen hat China eine dubiose Rolle gespielt. Anfang der 90er Jahre des vorigen Jahrhunderts hatte die Zentralregierung in Peking vor allem die südlichen Provinzen einige Jahre lang nicht unter ihrer vollen Kontrolle. Es bestand die Gefahr, dass sich diese verselbständigen. In einigen Häfen organisierten die Chefs von Partei und staatlichen Strukturen (Zoll, Polizei, Küstenwache usw.) Piraterie. Schiffe wurden ausgeraubt, entführt oder unter fadenscheinigen Begründungen beschlagnahmt. Piraten konnten die geraubten Ladungen in den Häfen verkaufen und anschließend das Land ungeschoren verlassen. Das konnte den Verantwortlichen in Peking nicht gefallen. Der Fall der CHANG SHENG, die sich auf der Reise nach Malaysia im Südchinesischen Meer befand, ***schlug dann dem Fass den Boden aus***. Eine Gang von 38 Mann unter der Leitung des Indonesiers Sony Wei, der enge Beziehungen zu dem indonesischen Tycoon chinesischer Abstammung Liem Sioe Liong unterhielt, kam im November 1998 als „Anti-Schmuggel-Polizei" an Bord und entführte das Schiff. Liem kontrollierte große Teile der indonesischen Wirtschaft und war ein enger Freund des früheren Präsidenten Suharto, schon bevor dieser Präsident wurde. Wie groß muss die Gier sein, wenn sich ein solch reicher und mächtiger Mann mit derartigem Abschaum umgibt? Die Gang fesselte, knebelte und verband den Seeleuten die Augen. Dann wurden die Seeleute erschlagen, mit Gewichten beschwert und über Bord geworfen. Die Vorkehrungen der Mörder reichten aber nicht aus, denn einige Leichen wurden an der chinesischen Küste angetrieben. Sony Wei hätte sich auch darum kümmern sollen, wen er erschlagen ließ. Zu seinem Unglück waren 15 der 23 Seeleute der CHANG SHENG Mitglied der Kommunistischen Partei Chinas. Da hatte er eine rote Linie überschritten. Am 22. Dezember 1999 gab das Gericht in Shanwei bekannt, dass 13 Verbrecher zum Tode und 18

bis zu lebenslänglich verurteilt worden waren. *Im Trüben fischten* aber nicht nur die Banditen auf der CHANG SHENG. Als ein Schiff, das eventuell LADY VICKY, aber vielleicht auch ERRIA INGE oder HAI SIN hieß, im Dezember 1992 von dem chinesischen Abwrackunternehmen Guangdong Shungde ausgeschlachtet wurde, entdeckten Arbeiter zehn stark verkohlte Körper in einem Kühlraum des Schiffes. Das Rätsel, wer die Opfer und wer ihre Mörder waren, blieb bis heute ungelöst. Die internationale Polizeibehörde Interpol zeigte kein Interesse an den Toten. Sie seien, so die Beamten, nicht zuständig. Ermittlungen im Stadtstaat Singapur, vor dessen Küste die ERRIA INGE alias LADY VICKY lange geankert hatte, wurden Mitte 1993 eingestellt. Die örtliche Kripo befand, es gebe keinen Ermittlungsbedarf, da das Verbrechen nicht auf „heimischem Territorium" verübt worden sei und im Stadtstaat keine Personen vermisst würden. Der Massenmord an Bord der LADY VICKY ist nur ein besonders makabrer Fall in einer kriminellen Grauzone, für die sich keine Polizei zuständig fühlt. Auf See werde „geraubt und gemordet, verschoben und betrogen", sagte Eric Ellen, der damalige Chef des International Maritime Bureau (IMB), und „keiner greift ernsthaft ein".
Ein weiterer kluger Spruch der Inder, auch wenn er für die beiden gerade beschriebenen Fälle und auch für den folgenden Fall viel zu human ist, lautet:

Wer einem anderen Leid antut, der wird selbst
ein noch größeres Leid erfahren;
darum bereite man niemandem Schmerzen,
um auch selbst davor bewahrt zu werden.

Im folgenden Abschnitt will ich ein Verbrechen beschreiben, das in der Schifffahrt nicht ungewöhnlich ist. Es wird nicht berichtet, welche Gedanken sich der ukrainische Kapitän Vladimir Fyodorovich Ilnitsky des Stückgutfrachters MC RUBY machte, als auf seinem Schiff Überschmuggler entdeckt wurden. Ich weiß aber, wie ich mich gefühlt habe, als ich mich 1990 bei meinem Eintritt in die für uns neue Welt der alten Schifffahrt mit dem gleichen Problem auseinandersetzen musste. Die DSR hatte Ende der 80er Jahre, da die Flotte ständig verkleinert wurde, zu viele Seeleute. So kam der Gedanke auf, ganze Besatzungen zu vermieten. Als ich davon hörte, bemühte ich mich gleich darum. Für mich war klar, dass die Seefahrt, die wir seit der Gründung der DSR betrieben hatten, zu Ende ging. Ich wollte mich so schnell wie möglich auf die neuen Bedingungen einstellen. Am 28. April 1990 übernahm ich mit einer Rostocker Besatzung in Antwerpen die AQUITANIA, die 1986 als BINTA YAR ADUA von der Neptunwerft in Rostock gebaut worden war und die jetzt Columbia Ship Management in Limassol gehörte.

Die AQUITANIA auf der Reede von Tanga, Tansania

Das Schiff war an die Mediterranean Shipping Company (MSC) für eine Reise nach Ostafrika verchartert worden. Ich hatte mich von einem oder zwei Kapitänen aus dem Flottenbereich Mittelmeer/Afrika über das für mich neue Fahrtgebiet beraten lassen. Sie hatten mich auch auf das Problem der Stowaways hingewiesen. Einer sagte einen klugen Satz: „Ihr müsst nicht nur gucken, ihr müsst auch riechen, denn ihr werdet sie nicht immer sehen, aber wahrscheinlich riechen können.“ Als sich unser Aufenthalt in Mombasa seinem Ende näherte, beauftragte ich den Chief mate, die Durchsuchung des Schiffes zu organisieren. Dieser Auftrag war mit dem

Hinweis versehen: „Wir machen es wie bei der DSR." Das hieß, dass das Schiff in zu durchsuchende Abschnitte unterteilt wurde. Damit sich die „blinden Passagiere" nicht von einem Bereich zum anderen bewegen konnten, mussten an Deck Wachen postiert werden. Da ich mit dem Chief mate zum ersten Mal zusammenarbeitete, hätte ich die Ausführung dieses Auftrages kontrollieren sollen. Ich tat es nicht und machte mir später deshalb Vorwürfe. Mein Stellvertreter meldete mir, dass wir solch unerwünschte Gäste nicht an Bord hätten. Wenige Stunden nach dem Auslaufen stellte sich das als unzutreffend heraus und es war klar, dass wir sechs von ihnen an Bord hatten. Sie hatten sich im Kettenkasten versteckt, wo sie aufgrund ihrer Hautfarbe nur schwer entdeckt werden konnten. Aber vielleicht hätte man sie riechen können. Die Suche war jedenfalls nicht gründlich durchgeführt worden. So hatte ich mir den Einstand in diese Welt nicht vorgestellt. Meine Strategie lief darauf hinaus, ihnen deutlich zu machen, dass sie mit diesem Schiff nicht nach Europa kommen würden. Als ich ihnen das verklarte, taten sie so, als ob sie nicht sprechen könnten. Ebenso wie ich musste sich auch meine Besatzung auf die neue Welt einstellen. Die Oberstewardess lief gleich los, um die armen Menschen zu versorgen. Das war nicht in meinem Sinne, weil wir dadurch leichter identifiziert werden konnten. Damit es ihnen bei uns nicht gefiel, gab es nur Wasser und Brot. Im nächsten Hafen Dar Es Salam deklarierte ich sie nicht, was gegen die Bestimmungen verstieß. Dort randalierten sie so sehr in der Kammer, dass der Chief mate die Nerven verlor und sie an Deck ließ. Damit hatte mich der Chef der Einwanderungspolizei am Haken. Er forderte, dass wir sie bewachten, was ich mit dem Hinweis ablehnte, dass wir keine Polizei wären. Unter seiner Bewachung floh einer der Stowaways. Nun waren es noch fünf. Jetzt verlangte der Polizeichef aber, dass ich sie wieder einsperrte. Der Dritte Offizier wollte die Bullaugen so dicht machen, dass sie um Gottes willen nicht fliehen konnten. Ich musste ihm klarmachen, dass ich genau das wollte. Also wurden die Schrauben der Bullaugen nur leicht angezogen. Nachdem die Überschmuggler, die inzwischen wieder sprechen konnten und mich als Nazi beschimpften, die Kammer zerlegt hatten, flohen sie. Damit war ich sie los. In einem freundschaftlichen Gespräch konnte ich den Polizeichef davon überzeugen, dass eine Strafe von 50 US-Dollar angemessen war. Damit waren alle Beteiligten, auch die Reederei, zufrieden. Ein paar Jahre später hatten wir fast auf jeder Reise nach Montreal vor allem rumänische Überschmuggler an Bord der SACHSEN. Meistens kamen sie aus den versiegelten Containern. Das machte zwar eine Menge Arbeit, lag aber außerhalb meiner Verantwortung. Auf einer Reise rief mich der Chief mate auf die Brücke und zeigte mir, wie sich ein Stowaway mit einer Säge aus einem Container zu befreien versuchte. Der Chief mate fragte mich, ob ihm die Besatzung helfen solle. Das verneinte ich. Ich erinnere an die Worte von Raleigh, dass der Seemann warmherzig, aber kein Humanist ist. Er kann kein Freund dieser Spezies sein und ist nicht für ihre teilweise menschenunwürdigen Lebensumstände verantwortlich, aber sie erschweren die Ausübung seines nicht gerade leichten Berufes enorm. Sie gefährden seinen Job. In keiner hochgelobten, ständig ausposaunten „Philosophie" des Unternehmens (korrekt: Geschäftspolitik) steht, dass das Unternehmen das Anbordkommen dieser Leute als Versagen und damit als unfreundlichen Akt des Kapitäns gegenüber der Reederei wertet. Dessen war sich Kapitän Ilnitsky auf der MC RUBY zweifellos bewusst. Bei allen Problemen sollte man sich aber als Kapitän nicht verleiten lassen, zum Mörder zu werden. Das unter der Flagge der Bahamas laufende Schiff befand sich mit einer Ladung Kakaobohnen auf einer Reise von Takoradi, Ghana nach Le Havre. Am 24. Oktober 1992 versteckten sich sieben Ghanaer und ein Kameruner auf der MC RUBY. Nach der Aussage des einzigen Überlebenden, Kingsley Ofosu, wurden sie zwei Tage nach der Abreise von einem Mitglied der vor allem aus Ukrainern und Russen bestehenden Besatzung entdeckt. Der Seemann verlangte Geld von ihnen und versprach sie dafür sicher unterzubringen. Die blinden Passagiere gaben ihm 2600 Dollar und 300 Mark, worauf er sie in einem winzigen Raum versteckte. Außer drei Flaschen Wasser hatten sie keinerlei Verpflegung. Nach etwa sechs Tagen holten plötzlich mehrere Seeleute die blinden Passagiere aus ihrem Versteck und führten sie in der Dunkelheit an Deck. Auf sie wurde mit Eisenstangen eingeschlagen und mit einem Gewehr geschossen. Nur Ofosu gelang durch einen Sprung in einen Lüftungsschacht die Flucht. Trotz mehrmaliger

Suche fanden ihn die Seeleute nicht. Erst am zweiten Tag der Ankunft des Schiffes schlich er sich von Bord und zeigte den Mord bei der Polizei an.

Die von V.Ships gemanagte MC RUBY

Das Schiff wurde in die Kette gelegt und der Erste Offizier sowie fünf weitere vom Ghanaer identifizierte Seeleute am 6. November 1992 verhaftet. Auch der Kapitän kam ins Gefängnis. Dort blieben sie über drei Jahre, bis das Gericht in Rouen den Kapitän und den Ersten Offizier zu lebenslanger Haft sowie drei weitere Besatzungsmitglieder zu 20 Jahren Haft für die Ermordung von sieben Überschmugglern verurteilte. Interessant war, was ein Vertreter des Managers des Schiffes – V.Ships – nach der Verhaftung der Seeleute von sich gab. Er sagte, dass das Unternehmen nach französischem Recht nicht an diesem Verbrechen beteiligt gewesen sei. Er vergaß zu erwähnen, dass ein Vorgänger von Ilnitsky, nachdem er dreimal Überschmuggler an Bord gehabt hatte, entlassen worden war. Das rechtfertigt nicht das Verhalten des ukrainischen Kapitäns und seiner Besatzungsmitglieder. Es zeigt aber, unter welchem Druck, der in keinem Handbuch des Unternehmens steht, Kapitäne arbeiten. Sie sind nicht allein für solche Vorkommnisse verantwortlich. Der folgende Spruch beschreibt kurz und knapp die Verhaltensweise von Managern und Besatzungen: ***Habsucht führet kreuz und quer, zuletzt ins Tote Meer***.

VON HÄFEN UND REEDEN

Von einem Hafen, ganz besonders von einem sicheren Hafen, haben wir immer eine klare Vorstellung. Landläufig geht man davon aus, dass ein Schiff einen Hafen erreicht, sicher einläuft und dann vor den Wetterunbilden geschützt ist. Ganz so einfach ist das nicht, denn die Briten sagen nicht zu Unrecht: ***Eine gute Reede ist vor allem im Sturm besser als ein schlechter Hafen.*** Damit weisen sie, die einst die Meere beherrschten, sehr deutlich darauf hin, dass es eine Menge schlechter Häfen geben muss. Das Lexikon Seefahrt (1981) beschreibt „Hafen“ mit folgenden nüchternen Worten: „natürlich oder künstlich geschaffene Wasserfläche, die als geschützter Liegeplatz für Schiffe und Boote mit Einrichtungen für den Verkehr zwischen Schiff und Land sowie mit den erforderlichen Landflächen für den Umschlag und den Ab- und Antransport von Gütern ausgestattet ist.“

Das erste Problem ist das Einlaufen in den Hafen oder das Auslaufen. Da müssen Schiff und Kapitän beweisen, was sie wert sind. Ohne dass das Schiff und die Besatzung auf dieses gelegentlich schwierige Manöver vorbereitet sind, geht das nicht immer gut. In der Ostsee setzen bei vielen Häfen (Warnemünde, Swinemünde, Kolberg und Klaipeda) Wind und Strom quer über die Mündung des Flusses und verlangten vor allem vom Schiffsführer auf einem Segelschiff umfangreiches seemännisches Wissen und Erfahrung, wenn er mit seinem schwimmenden Untersatz nicht auf der Mole landen wollte.

In „Seeunfälle und Schiffssicherheit in der Ostsee“ habe ich beschrieben, wie die Kapitäne mit ihren Schiffen über Jahrhunderte versucht haben, die Gefahren auf den Reeden oder beim Ansteuern der Häfen in unserem Binnenmeer zu bewältigen.

Die Molen der Einfahrt zum Hafen von Swinemünde

Selbst in unserer Zeit ist das nicht immer allen gelungen. So landete der Kapitän der RUDOLF BREITSCHEID am 24. September 1988 beim Verlassen Klaipedas, weil er den Kurs zu spät nach dem Passieren des südlichen Molenkopfes änderte, auf der sich am nördlichen Molenkopf befindenden Sandbank. Das Schiff wurde zum Totalverlust. Die Norweger haben, ähnlich wie die Briten, diese Situation in dem folgenden Spruch sehr präzise beschrieben:

Es ist ein schlechter Hafen,
der nicht besser ist als offene See.

Auf solche Probleme trafen die Schiffsführer in allen Seegebieten der Welt. Ich machte mit der AQUITANIA auf der Reede von Vlissingen diese Erfahrung. Am 7. September weckte mich der Zweite Offizier um 3.30 Uhr, weil das Schiff bei Windstärke Bft. 8 bis 9 aus westlicher Richtung vertrieb. Wir hievten dann den Anker und brachten ihn neu aus. Einige Zeit später passierte uns das bei Windstärke 10 noch einmal. Auf der Reede von Vlissingen konnte ich zwar die in die Schelde ein- und auslaufenden Schiffe gut beobachten, aber zum Vertreiben war nicht viel Platz vorhanden. Ich lag mit dem Schiff, das dort auf eine neue Charter wartete, aus diesem Grunde lieber auf der Außenreede bei Wandelaar.

Weil die Häfen den Schiffen in bestimmten Situationen den notwendigen Schutz nicht gewährleisten können, vor allem wenn ein tropischer Wirbelsturm den Hafen bedroht, fordern die Hafenkapitäne die Schiffsführer auf, mit ihren Frachtern den Hafen zu verlassen. Das trifft vor allem für Häfen in Fernost (Japan, Hong Kong usw.) zu. Dabei kann der Kapitän im Allgemeinen zwischen der offenen See und der Reede wählen. Kapitän Arthur Fick, bei dem ich auf der QUEDLINBURG als Zweiter und Erster fuhr, blieb auf Innenreede von Hong Kong an der seinem Schiff zugewiesenen Tonne liegen. Das Ereignis habe ich in „Schiffe im Sturm" folgendermaßen beschrieben: *Das MS FREYBURG vom VEB Deutfracht/Seereederei Rostock wetterte in der Nacht vom 16. zum 17. August 1971den Taifun ROSE an einer Tonne in Hongkong ab. Das gelang aber nur mit einer beträchtlichen Maschinenleistung. Da der den Taifun begleitende Regen Kapitän Fick die Sicht zum Vorschiff nahm, beorderte er einen erfahrenen Offizier auf die Back. Dieser stand telefonisch mit ihm in Verbindung. Schiff und Besatzung überstanden ROSE ohne Schaden.* 38 Hochseeschiffe und über 300 Dschunken etc. schafften das nicht. Die meisten Hochseeschiffe strandeten auf einer der Inseln der damaligen Kronkolonie. Eine Fähre ging unter. Bei seiner Entscheidung sollte der Kapitän immer überdenken, ob er auf Reede den nötigen Schutz finden kann. Nicht jeder Kapitän bekam die nötige Zeit, um mit seinem Schiff Hafen oder Reede zu verlassen.

So ging es Kapitän A. Leopold auf dem eisernen Bremer Vollschiff WEGA. Es beförderte eine Ladung Kohle von Cardiff nach Hong Kong. In den „Annalen der Hydrographie" (1882, II., Seite 748) findet sich folgende Beschreibung: *Während „Wega" im Hafen von Hongkong war, herrschte dort am 14. Oktober ein heftiger Teifun. Nachdem schon früh am Morgen dieses Tages böiges, regnerisches Wetter und abnehmender Luftdruck den gestörten Zustand der Atmosphäre angezeigt hatten, kündigte um 8h a.m. ein Warnschuss vom Lande allen Schiffen das Herannahen des Teifuns an. Bei der „Wega" wurden dann die Bramstengen an Deck genommen und alle möglichen Sicherheitsmaßregeln getroffen. Der Teifun wehte Tages über in fürchterlichen Böen aus Nord, NW und NE, begleitet von wolkenbruchartigem Regen. Um 12h a.m. war das Barometer auf 742,30 mm gefallen.*

Ein Schiff vom Typ „Merkator" auf der Reede von Hong Kong

Um 3h 15m p.m., als der Luftdruck mit 734,4 mm seinen niedrigsten Stand erreicht hatte, nahm der Wind rasch an Stärke ab, und zwischen 5h und 7h 15m p.m. herrschte bei steigendem Luftdrucke zuweilen Windstille. Dieser Zustand hielt an, bis zur letzteren Zeit der Teifun aus SSE und Süd wieder mit solch furchtbarer Gewalt hereinbrach, dass sich das die volle Kohlenladung noch an Bord habende Schiff platt auf die Seite legte. Nach 10h a.m. nahm der Wind an Stärke ab, und kurze Zeit darauf wurde auch der Himmel klar.

Viele Reeden waren nicht besser als die Häfen, denen sie dienten, denn der Spruch ***Nicht jeder Grund ist ein Ankergrund*** warnt die Seeleute schon seit langer Zeit. Für die Außenreede von Shanghai konnten das die beiden Rostocker Frachter ALTENBURG und KARL MARX bestätigen. Die ALTENBURG vertrieb und entging nur mit großer Mühe den der Küste vorgelagerten Felsen, und die KARL MARX fand nach dem Sturm in ihren Laderäumen ein ziemliches Chaos vor. Der Ladungsschaden war beachtlich.

Die chinesischen Behörden waren mit dem Verhalten vieler Kapitäne überhaupt nicht einverstanden. Im September 1983 formulierten sie in ihrer Schifffahrtszeitung „Maritime China“ diese Auffassung folgendermaßen:

Vielleicht ziehen es die Besatzungen vor,
auf die Felsen Hong Kongs geworfen zu werden,
als bei solchen Gelegenheiten auf See zu sein;
aber es scheint so, dass die Schiffe auf See
eher einem Schaden entgehen können.

Michail Gorbatschows berühmter Spruch ***Wer zu spät kommt, den bestraft das Leben*** war von ihm auf Erich Honecker und andere unfähige Politiker, nicht auf die Seeleute gemünzt. Aber auch eine ganze Reihe von Seeleuten haben, bewusst oder unbewusst, den Ehrgeiz, seinen Spruch auch für die Seefahrt zu bestätigen. Das deutsche Containerschiff CHICAGO EXPRESS lag am 23. September 2008 in Hong Kong, um Container zu löschen und zu laden. Im Laufe des Tages gaben die Behörden bekannt, dass sie wegen des Taifuns „Hagupit“, der Hong Kong bedrohte, den Hafen um 17.00 Uhr schließen würden. Für 16.59 Uhr bestellte der Kapitän einen Lotsen und verließ den Hafen. Entsprechend seines Fahrplans sollte er dann Ningbo ansteuern. Den Kurs dorthin konnte er aber aufgrund der Wetterverhältnisse nicht mehr einschlagen. Wind und See waren inzwischen so stark, dass er sich nicht einmal von den Hong Kong vorgelagerten Inseln lösen konnte. Sein Schiff ***stand damit mit dem Rücken zur*** (felsigen) ***Wand***. Am nächsten Tag wurde das 103.691 tdw große Schiff um 2.45 Uhr von einer schweren See getroffen. Der Kapitän, der die Wache hatte, und der philippinische Ausguck wurden durch die Brücke geschleudert.

Der „Alte“ wurde schwer verletzt und der Matrose starb. Diesen Unfall hätte er sich, der Besatzung und der Reederei ersparen können, wenn er früher ausgelaufen wäre. Hong Kong und die japanischen Häfen haben Reeden, die, außer im Taifun, Schutz bieten. Es gab und gibt eine Reihe von „Häfen“, die nur aus offenen Reeden bestehen. Die Flotten der mecklenburgischen und pommerschen Häfen haben auf ihnen viele Schiffe verloren. So gingen bei Santa Ana, Südkalifornien 1879 die Bark ROSA und die Schonerbark BERTHA, beide aus Stettin, die Bark ELSE

ESCHRICHT von Swinemünde sowie die beiden Stralsunder Segler MALWINA SCHÜTT und LOW POH JIM verloren.

Die KYOTO EXPRESS, ein Schwesterschiff der CHICAGO EXPRESS

Die Rostocker Flotte entrichtete ihren Tribut an der marokkanischen Küste. Im Frühjahr 1885 lag der Schoner JUANITA auf der Reede von Saffi und lud Mais. Als ein Sturm aufzog, verließ der Schoner die Reede. Nach dem Abflauen des Sturms kehrt der Schoner zurück. Der Kapitän lag mit gebrochenem Bein im Krankenhaus. Als ein zweiter Sturm die Reede traf, versuchte der Erste ihn hinter zwei Ankern auf Reede zu überstehen, was nicht gelang. Das Schiff strandete und war ein Totalverlust. Schon am 25. Februar 1877 hatte die Schonerbrigg ARTHUR HUNTLEY vor Saffi geankert. Das Löschen und die Übernahme der neuen Ladung Bohnen verlief äußerst schleppend. Am 4. Mai hatte sie etwa die Hälfte ihrer Ladung übernommen. Ein kräftiger Sturm ließ die Ketten brechen und trieb das Schiff auf den Strand. Das Schicksal des Rostocker Seglers teilten am gleichen Tag vier deutsche und zwei britische Schiffe.

Häfen hielten aber nicht nur von den Naturgewalten ausgehende Gefahren für die Seeleute bereit. Ich weiß nicht, an welchen Hafen Josef Conrad dachte, als er in „Spiegel der See“ den folgenden Spruch formulierte:

Häfen sind zu nichts gut,
Schiffe verrotten, Leute gehen zum Teufel.

Ein exzellentes Beispiel dafür war über Jahrhunderte Batavia. James Cook (1728–1779) bemühte sich auf all seinen Reisen intensiv um die Gesundheit seiner Besatzung. Auf seiner ersten Reise verlor er die größte Anzahl von ihnen durch Infektionen in Batavia, während er dort die ENDEAVOUR reparieren lassen musste. Er beschreibt das niederländische Batavia folgendermaßen: *Es gibt in dieser Stadt wenig Straßen, durch welche man nicht einen ziemlich breiten Kanal geführt hätte ... Die Kanäle, welche größtenteils ein stillstehendes, sehr verunreinigtes und faules Wasser enthalten, dünsten in der heißen Jahreszeit einen unausstehlichen Gestank aus, und die vielen Bäume hindern den freien Zufluss der Luft, wodurch jene schädlichen Ausdünstungen noch einigermaßen zerstreut werden könnten.*

Segler in Sunda Kelapa, dem früheren Batavia

In der nassen Jahreszeit ... schwillt das Wasser in diesen unreinen Kanälen dermaßen an, dass es aus seinen Ufern tritt und in den niedrigen Gegenden der Stadt die unteren Stockwerke überschwemmt. Ist es wieder abgelaufen, so findet man da, wo es stand, eine unglaubliche Menge von Schlamm und Kot. ... Von hundert Soldaten, die von Europa hierher geschleppt werden, sollen, wie man uns versicherte, am Ende des ersten Jahres kaum noch fünfzig am Leben sein ... In ganz Batavia ist uns nicht ein einziger Mensch vorgekommen, der recht frisch und gesund ausgesehen hätte.

Aber nicht nur Wetter und Krankheiten können ein Grund sein, einen Hafen fluchtartig zu verlassen. In der Gegenwart sind die Gründe dafür vor allem Seeunfälle, Fahrerflucht, Arretierungen sowie die Erpressung von Kapitän und Reeder. Das Feederschiff UMFOLOZI zum Beispiel kollidierte mit einem Bagger, sank, wurde gehoben und floh im Juli 2006 aus Walvis Bay. Damit versuchten sich die Eigner des Schiffes ihrer Verantwortung zu entziehen. In anderen Fällen ist es nicht leicht zu beurteilen, ob der Kapitän, als er ***die Flucht nach vorne antrat***, dafür gute Gründe hatte. Im folgenden Beispiel hätte ich dem Kapitän dringend geraten, diesen Unfug zu unterlassen. Das EUROPÄISCHE SEGEL INFORMATIONSSYSTEM berichtete am 18. Februar 2009 über das folgende dramatische Ereignis:

> ***Schiff sank auf Flucht vor russischen Behörden***
>
> *Der Kapitän der „New Star", 2855 BRZ, die am 15.2. vor der russischen Pazifikküste gesunken war, hatte aus Sorge vor einer Anklage das Hoheitsgebiet Russlands verlassen. Das Schiff war aus Nakhodka ausgelaufen, nachdem er versucht hatte, eine Ladung minderwertigen Reis abzuliefern. Der russische Ladungsempfänger hatte die Annahme verweigert und gedroht, das Schiff in die Kette legen zu lassen. Daraufhin wies der Schiffseigner aus Hongkong den Kapitän an, den Hafen ohne vorliegende Auslaufgenehmigung zu verlassen. Das Schiff verließ illegal die russischen Hoheitsgewässer. Zwei russische Grenzschutzschiffe wurden beauftragt, den Frachter zu stoppen, doch der Kapitän ignorierte die Warnsignale. Selbst nach Warnschüssen setzte er die Fahrt fort. Wenig später sandte er Notsignale, nachdem die „New Star" leckgeschlagen war. Von der 16-köpfigen Crew konnte nur die Hälfte gerettet werden. Die Aktion der beiden Patrouillenschiffe wird nun von einem Militärankläger untersucht.*

Die gleiche Quelle berichtet über einen weiteren Fall, in dem die nach vorn angetretene Flucht offensichtlich erfolgreich verlief:

> ***Stürmische Flucht aus Derna***
>
> *(12.11.10) Die unter Malta-Flagge laufende Fähre STROFADES IV mit einer Vermessung von 7744 BRZ verließ am 10.11. um 22.50 Uhr sehr stürmisch den Hafen von Derna in Libyen. Die Heckrampe stand offen, in bedenklicher Lage stand ein Fahrzeug der Organisation „Road To Hope Convoy" darauf, die Trossen brachen, und schließlich kollidierte das Schiff noch mit dem Kai, ehe es ohne Erlaubnis den Hafen mit Kurs Griechenland verließ. Eigentlich war der Gaza-Streifen das Ziel gewesen. An Bord befanden sich 10 Helfer der Hilfsorganisation, mit denen der Kapitän und Eigner offenbar in einen Streit um Geld geraten war. Daraufhin nahm er sie ebenso wie einen libyschen Polizeioffizier und zwei Hafenvertreter kurzerhand als Geiseln. Der Versuch, den flüchtenden Frachter mit Schnellbooten und Flugzeugen der libyschen Behörden zu stoppen, scheiterte.*

Bei allen Problemen und Schwierigkeiten gab und gibt es zahlreiche Häfen, die ihren Zweck sehr gut erfüllen. Darüber hinaus ließen sie aus unterschiedlichen Gründen bei den Seeleuten die Augen leuchten, solange diese Zeit für einen Landgang hatten. Zu diesen Häfen gehörten Hong Kong („Duftender Hafen"), wenn nicht gerade ein Taifun im Anmarsch war, Singapur und Rio de Janeiro. Für mich nahm Montreal einen der vordersten Plätze ein. Es ist nicht nur ein schöner Hafen, er liegt auch 1600 km von der See entfernt mitten im nördlichen Teil des amerikanischen Doppelkontinents.

NACHWORT

In den vorherigen Kapiteln habe ich versucht, das für den Außenstehenden kaum vorstellbare, ungeheuer vielfältige, schwierige und gefährliche Leben der Seeleute anhand ihrer Sprüche und der Worte weiser „Landeier“ zu beschreiben. Ich gehöre zu den Seeleuten, die das so außerordentlich seltene Glück hatten, über Jahrzehnte in einer wohl organisierten und sicheren Seefahrt ihrem Beruf nachgehen zu können. Die Seefahrt nach 1990 war etwas schwieriger, aber sie hat meinen Erfahrungsschatz enorm bereichert. Sie erst hat es mir ermöglicht, die Bedeutung der Erlebnisse der Seeleute anderer Nationen im vollen Umfang zu verstehen. Es ist nicht abzusehen, dass das Leben der Seeleute in Zukunft leichter werden wird. Die Gierigen werden in der Schifffahrt weiter das Sagen haben, und das Wetter wird auch nicht besser werden. Deshalb möchte dieses Buch mit dem folgenden Spruch von Joseph Conrad abschließen.

Der Ozean hat die Gemütsart
eines von kriecherischer Anbetung
verdorbenen Barbarenherrschers.
Ihm ist schon der geringste Anschein
der Herausforderung unerträglich,
er bleibt der unversöhnliche Feind
von Menschen und Schiffen,
seit Schiffe und Menschen
die unerhörte Dreistigkeit besaßen,
angesichts seiner verfinsterten Stirn
auf das Meer hinauszufahren.

MARITIMES GLOSSAR

AIS	Automatic Identification System (automatisches Identifikationssystem)
Back	Vorschiffsaufbau
Backskiste	In der Form einer Kiste gebaute Bank, die als Stauraum dient
Beaufort (Bft.)	Nach einem englischen Admiral benannte Skala zur Einteilung der Windstärken
Board of Trade	Seit 1970 Ministerium für Handel und Industrie
Bootsmann	Besatzungsmitglied, das die Mitglieder der Decksgang oder Komplexbrigade anleitet
Brücke	Kurzform für die Kommandobrücke
Bulker, Bulkcarrier	Massengutfrachter
Bunkern	Übernahme von Treibstoff, Wasser etc.
Chief mate	Englische Bezeichnung für den Ersten Offizier
DSR	Deutsche Seereederei Rostock (später Deutfracht/Seereederei), wurde am 1. Juli 1952 als Staatsreederei der DDR gegründet
Gang	Mannschaftsgruppe, Arbeitsgruppe von Matrosen oder Maschinenassistenten
Knoten	Einheit für die Geschwindigkeit eines Schiffes (1 Knoten entspricht einer Seemeile pro Stunde)
Krängung	Zeitweilige Neigung des Schiffes um seine Längsachse
Kühlschiff	Spezialschiff für den Transport leicht verderblicher Güter wie Fisch, Fleisch und Obst
Lasching	Aus Tauwerk, Ketten und Spannschrauben bestehende Ladungssicherung
Last	Raum an Bord zur Lagerung verschiedener Güter (Proviant) und Ausrüstungen (Tauwerk, Werkzeug usw.)
Lords	Scherzhafte Bezeichnung für die Mannschaftsmitglieder an Bord
Poller	Vorrichtung zum Belegen (Festmachen) von Leinen, zum Beispiel beim Festmachen des Schiffes an der Pier

Revierfahrt	Fahrt des Schiffes in Reiseabschnitten, die wie Kanäle und Flüsse eine hohe Aufmerksamkeit der Brücken- und Maschinenwache erfordern
Rolle	Einsatzplan der Besatzung, in dem namentlich die Aufgaben des Besatzungsmitgliedes bei verschiedenen Notfällen (Mann über Bord, Feuer, Verlassen des Schiffes usw.) mit dem jeweiligen Stellplatz festgelegt sind
Mann über Bord	Wenn eine Person über Bord gefallen ist
Rollen	Schwingungen des Schiffes um seine Längsachse
RoRo-Schiff	Schiff für den rollenden horizontalen Ladungsumschlag (Roll on Roll off)
Schott	Sowohl senkrechter Stahlverbund zur Unterteilung des Schiffes als auch Tür in den Aufbauten
Stowaway	Englische Bezeichnung für einen Überschmuggler, Einschleicher oder „blinden Passagier".
TEU	Abkürzung für Twenty-foot Equivalent Unit, ein Maß für Kapazitäten von Containerschiffen und Hafenumschlagsmengen
Tiefgang	Abstand von der Unterkante des Kiels bis zur Wasserlinie des Schiffes
Tycoon	Großindustrielle, Magnaten, Mogule, Oligarch, Baulöwe
Typ-IV-Schiffe	Von der Warnowwerft in Warnemünde gebaute Stückgutschiffe vom Typ IV
Überholen	Starke Rollbewegung des Schiffes im Seegang
UKW	Funkverfahren basierend auf der Nutzung von Ultrakurzwellen
VEB	Volkseigener Betrieb
Walkie-Talkie	Handsprechfunkgerät
Weinblattsiegel (WBS)	Weinbrand-Verschnitt, der als preisbegünstigte Transitware vom VEB Schilkin, Berlin an Bord geliefert wurde und bei den Seeleuten sehr beliebt war
HHD	Kürzel des Autorennamens

Hans-Hermann Diestel
Kapitän

VERZEICHNIS DER VERÖFFENTLICHUNGEN

1. Bücher

1.1. Autor/Hrsg.

- Schiffe im Sturm, Hinstorff Verlag, Rostock, 1990
- Von Rostock nach Rio, Hinstorff Verlag, Rostock, 2001
- Compendium on Seamanship & Sea Accidents, Seehafen Verlag, Hamburg, 2005
- Schiffsingenieure berichten, Hinstorff Verlag, Rostock, 2009
- Bootsleute erzählen, Hinstorff Verlag, Rostock, 2011
- Seeunfälle und Schiffssicherheit in der Ostsee, Hinstorff Verlag, Rostock, 2013
- Seeleute berichten, Von Bomben, Fidel und Fischen, Hinstorff Verlag, Rostock, 2014

1.2. Mitautor

- Seefahrt im Zeichen der Globalisierung, Westfalisches Dampfboot, 2002
- 50 Jahre Deutsche Seereederei Rostock, Beiträge zur Entwicklung und Transformation der Handelsschifffahrt der DDR, Schriften des Schiffahrtsmuseums der Hansestadt Rostock, Band 9
- Handbuch der Nautik, Seehafen Verlag, Hamburg, 2010

2. Schiffahrtsmuseum der Hansestadt Rostock

- im Auftrag des Museums Material für die ständige Ausstellung „Moderne Schiffahrt“ erarbeitet und Fotos geliefert
- Schiffahrt Journal des Schiffahrtsmuseum Rostock 1989: Wie sicher sind Fährschiffe heute?

3. Marinekalender

- Marine-Kalender der DDR 88: Aufgegebene Schiffe – weggeworfene Seeleute
- Marine-Kalender der DDR 90: Küstenschiffahrt zwischen Penang und Sandakan
- Deutscher Marine-Kalender 91: Plädoyer für den Orinoko
- Köhlers Flottenkalender 1996: Dauen im Arabischen Meer
- Köhlers Flottenkalender 1999: Typ-IV Der Deutschen Seereederei Rostock – Mythos und Realität
- Köhlers Flottenkalender 2000: St. Lawrence – der Fluß der Kirchen, der Wale und des Indian Summer
- Köhlers Flottenkalender 2001: Die interessanten Wege früherer DSR-Schiffe
- Köhlers Flottenkalender 2002: Das Heck nur ein schöner Achtersteven?
- Köhlers Flottenkalender 2003: Seeunfälle, Seemannschaft, Seerecht und Sicherheit
- Köhlers Flottenkalender 2004: Der unaufhaltsame Niedergang der ukrainischen Passagierschifffahrt
- Köhlers Flottenkalender 2008: Der Bosporus – Seine Bedeutung und seine Probleme
- Köhlers Flottenkalender 2010: Maritime Denkmale zu Ehren der Seeleute

4. Magazin TRANS Schiffahrt, transpress, 1990: Auf DSR-Schiffen nach Fernost

5. Fachzeitschriften

- Abwettern des Taifuns „Babe“ vor Shanghai, Seewirtschaft, 8/78
- Zur sicheren seemännischen Schiffsführung in der Nordsee, Seewirtschaft, 4/79
- Anforderungen an die Führung des Schiffstagebuches, Seewirtschaft, 4/80

- Schiffahrt und Schiffssicherheit in japanischen Gewässern, Seewirtschaft, 12/82
- Häfen im Arabischen Golf, Seewirtschaft, 3/85
- Häfen im Arabischen Golf, Seewirtschaft, 5/86
- Berücksichtigung der hydro-meteorologischen Bedingungen bei der Vorbereitung und Durchführung einer Seereise, Seewirtschaft, 10/86
- Bau, Bewährung und Verbleib der Typ-IV-Schiffe, Seewirtschaft, 6/87
- Die Abrechnung nautischer und ökonomischer Ergebnisse der Wetterroutung, Seewirtschaft, 12/87
- Brandentstehung und Brandbekämpfung an Bord von Seeschiffen, Seewirtschaft, 4/88
- Zur Sicherheit von RoRo-Schiffen, Seewirtschaft, 9/88
- Schiffskollisionen und ihre Ursachen, Seewirtschaft, 7/89
- Schiffssicherheit auf dem Orinoko, Seewirtschaft, 8/89
- Seeunfälle im Nord-Ostsee-Kanal, Seewirtschaft, 3/90
- Erste Aktivitäten des Verbandes Kapitäne und Schiffsoffiziere Rostock, Schiff & Hafen, 4/90
- Schlußfolgerungen aus Feuerlöschmanövern und Vorschläge für eine qualitative Verbesserung dieser Manöver an Bord, Seewirtschaft, 6/90
- Reedereien oder Management-Firmen – Wer bestimmt das Bild der Schiffahrt?, Schiff & Hafen, 10/90
- Schiffahrt ohne Seeleute?, Schiff & Hafen, 11/90
- Aufgaben, Verantwortung und Rechtssicherheit des Kapitäns in der gegenwärtigen Schiffahrt, Schiff & Hafen, 1/91
- Zyperns Position in der internationalen Seewirtschaft, Schiff & Hafen, 5/91
- Seeunfälle und „menschliches Versagen“ aus der Sicht der Beteiligten, Schiff & Hafen, 8/91
- Rechtsschutz für Kapitäne und Offiziere des VKS Rostock, Schiff & Hafen, 2/92
- Khor Fakkan – auf dem Weg zum Erfolg?, Schiff & Hafen, 5/92
- Unzureichende Sicherheit für die Schiffahrt in Westafrika, Schiff & Hafen, 5/92

- Küstenschiffahrt in Indonesien, Schiffahrt international, 12/92
- Niederländische Dampfer zwischen Batavia und Belawan, Schiffahrt international, 3/93
- Fujeirah – Konzept erfolgreich realisiert, Schiff & Hafen, 5/93
- Die Piraten in Südostasien rüsten auf, Schiff & Hafen, 6/93
- Die Schiffssicherheit in der Malakka- und Singapurstraße muß verbessert werden, Schiff & Hafen, 7/93
- Chinesische Triaden im modernen Kuli-Geschäft, Schiff & Hafen, 9/93
- Fährschiffahrt im Roten Meer, Schiff & Hafen, 11/93
- Die Sicherheit von Schiff und Besatzung in Hong Kong und den angrenzenden Gewässern, Schiff & Hafen, 11/93
- Diba – Kleine Häfen im Schatten von Khor Fakkan und Fujeirah, Schiff & Hafen, 12/93
- Zypern – Das maritime Geschäft soll weiter gepflegt werden, Schiff & Hafen, 4/94
- Britische Häfen für Porzellanerde in der Krise?, Schiffahrt international, 6/94
- London Maritim, Schiffahrt international, 11/94
- Die Odyssee der „Völkerfreundschaft“ ex „Stockholm“, Schiffahrt international, 12/94
- Taifune und andere Stürme, Schiffahrt international, 12/94
- Piraten in chinesischen Gewässern, Schiffahrt international, 12/94
- Quo Vadis Seemannschaft?, Schiff & Hafen, 2/95
- Schiffahrt auf dem St. Lawrence, Schiff & Hafen 5/95
- Kanada – Wohin führt der Kurs der Schiffahrt?, Schiff & Hafen, 7/95
- St. Lawrence Seaway – Es sieht nicht allzu rosig aus, Schiff & Hafen, 10/95
- Lotse als Team-Leader?, Schiff & Hafen, 3/96
- Wassertransport – Eine neue Chance für die Schiffahrt?, Schiff & Hafen, 5/96
- Kreuzschiffahrt auf dem St. Lawrence-Strom, Schiff & Hafen, 6/96
- Sprache, Kommunikation und Seeunfälle, Schiff & Hafen, 11/96

- South Street Seaport Museum – Museum oder Touristenzirkus?, Schiff & Hafen 1/97
- Probleme beim Training, Schiff & Hafen, 7/2000
- ISO/ISM Code nur für Kapitäne zutreffend?, Schiff & Hafen, 12/2000
- CBT 2000 Bericht zur Konferenz in London, Schiff & Hafen, 3/2001
- ISM Code und Seemannschaft, Schiff & Hafen, 7/2001
- Alkoholmissbrauch und Seemannschaft, Schiff & Hafen, 2/2002
- Three years of ISM, Seaways, September 2002
- Three years with ISM Code at Alpha Ship, Schiff & Hafen, 10/2002
- Integration von Arbeitsbedingungen und Schiffssicherheit, Schiff & Hafen 10/2003
- Safety and seamanship, Seaways, October 2003
- Bridge Resource Management, Hansa, 7/2004
- Bridge Resource Management, Seaways 12/2004
- Notwendige Verbesserungen von Simulatorkursen, Hansa, 1/2007
- Eine Analyse zur Kriminalisierung der Kapitäne, Hansa, 7/2007
- Erster Nautikkongress in Bremen, Hansa, 10/2007
- Der Kapitän – Mythos und Realität, Hansa, 1/2009
- Die neue Schiffsführung, Hansa, 1/2010
- Sprache und Kommunikation in der Schifffahrt, Hansa 3/2011
- Requirements of a passage plan, Hansa, 9/2012
- Nachhaltige Brückenorganisation und nachhaltiges Simulatortraining, Hansa 7/2013
- Bedeutung und Aufgabe der Ständigen Wachorder, Hansa, 9/2013
- Nautisch-seemännische Schiffsführung damals und heute, Hansa, 1/2014
- Vom Wert der Tradition in der maritimen Welt, Hansa, 1/2014
- Kapitän aktiver Führer oder Aufseher und Überwacher, Hansa, 9/2014

6. horizont, Magazin für Politik und Wirtschaft

- Bermuda Dreieck, 2/77
- Schiffahrt in der Krise, 1/84
- Überlebt die Deutsche Seereederei?, 16/90

- Reedereien am Enterhaken, 26/90
- Schiffahrt ohne Seeleute?, 27/90
- Aus Kapitänen werden Prügelknaben, 35/90
- Mehr Sicherheit für Schiffe und Besatzungen, 3/91
- Zypern kräftigt maritimes Standbein, 14/91

7. Wochenpost
- Kommt das Segel wieder?, 17/86

8. Kulturspiegel der Hansestadt Rostock
- Maritimes bei Hinstorff, 10/91

9. Hanse Sail Magazin, Rostock
- 1994: Prahus – Phinisi begrüßt 1995 Seeleute aus aller Welt am Krakatoa
- 2000: Schiffe von der Warnowwerft noch auf den Weltmeeren?
- 2001: Schiffe von der Warnowwerft noch auf den Weltmeeren?
- 2002: Schiffe von der Warnowwerft noch auf den Weltmeeren?
- 2003: Schiffe von Mecklenburger Werften noch auf den Weltmeeren? (IV)
- 2004: Schiffe von Mecklenburger Werften noch immer auf den Weltmeeren? (V)
- 2005: Gute Zeiten für alte Ladys/Schiffe von Mecklenburger Werften noch immer auf den Weltmeeren? (VI)
- 2006: In der Gewalt somalischer Piraten/Schiffe von Mecklenburger Werften auf den Weltmeeren? (VII)
- 2007: Die „Lo-Ro 18“ bestehen in schwerem Wetter/Schiffe von Mecklenburger Werften auf den Weltmeeren ? (VIII)
- 2008: MARCO POLO – Stolz einer Wismarer Serie
- 2009: Bulker aus Warnemünde für den hohen Norden
- 2010: „Boizenburger“ auf den großen Flüssen unserer Erde
- 2010: Typ „Mercur I“
- 2011: Stralsunder auf der „Reichsstraße Nr. 1“
- 2012: Von der Warnow auf den indischen Strand

- 2013: Von Piraten erobert – Gesunken – Explodiert
- 2014: Die Wismarer Alleskönner
- 2015 Lieblinge der Besatzungen

10. auf Kurs
- Altes & Neues von der ukrainischen Passagierschiffahrt, Nr. 6 Nov./Dez. 2002

11. Tageszeitungen
- seit 1974 regelmäßig Beiträge über Schifffahrtsfragen für die Norddeutschen Neuesten Nachrichten Rostock, die gelegentlich von der Volksstimme in Schwerin übernommen wurden

12. Deutsche Akademie für Verkehrswissenschaft
- Deutsches Verkehrswissenschaftliches Seminar, „35. Deutscher Verkehrsgerichtstag 1997"

  Referat: Der Kapitän und seine Verantwortung für Schiff, Besatzung und Ladung

13. Deutscher Seeschifffahrtstag 2001
- Vortrag: ISM Code und Seemannschaft (Vortrag und auf CD veröffentlicht)

14. Universität Bremen, Forschungs- und Kooperationsstelle Schiffahrt, Wissenschaftliche Tagung „Globalisierung und Seefahrt"

    Beitrag: Reedereimanagement aus der Sicht der Designated Person und des Kapitäns

15. Integration von Arbeitsbedingungen und Schiffssicherheit

    Referat: ISM Code Seminar der Nor-Shipping, Oslo, 2003

16. Internationaler Kongress Sicherheit im Verkehrswesen, Fulda, März 2006-10-06

    Referat: Sicherheitstraining bei multikulturellen Besatzungen

17. 3. Bremer Schifffahrtskongress

    Vortrag: Die neue Schiffsführung

QUELLENVERZEICHNIS

[1] Conrad, Joseph: Taifun, Dieterich'sche Verlagsbuchhandlung, Leipzig, 1965

[2] Timm, Werner: Schiff und ihre Schicksale, VEB Hinstorff Verlag, Rostock, 1976

[3] Diestel, Hans-Hermann (Hrsg): Von Bomben, Fidel und Fischen, Hinstorff Verlag, Rostock, 2014

[4] Canning, John: Die großen ungelösten Rätsel des Meeres, Wilhelm Heyne Verlag, München, 1982

Literatur

- Beer, Roland: Indische Spruchweisheit, Gustav Kiepenheuer Verlag, Leipzig und Weimar, 1981
- Berlitz, Charles: Das Bermuda-Dreieck. Fenster zum Kosmos? Zsolnay, Wien, Hamburg 1975
- Berlitz, Charles: The Dragon's Triangle, Grafton Books, London, 1990
- Brennecke, Jochen: Windjammer, Koehlers Verlagsgesellschaft, Herford, 1968
- Diestel, Hans-Hermann: Seeunfälle und Schiffssicherheit in der Ostsee, Hinstorff Verlag GmbH, Rostock, 2013
- Cooper, G.J.: Titanic Captain, The History Press, The Mill Brimscombe Port, 2011
- Couper, A. D.: Voyages of Abuse, Pluto Press, 1999
- Frump, Robert: Until the Sea Shall Free Them, Doubleday, New York, 2002
- Gerds, Peter; Gehrke, Wolf-Dietrich: Vom Fischland in die Welt, VEB Hinstorff Verlag, Rostock, 1984
- Greither, Aloys (Hrsg.): Pancatantra, Gustav Kiepenheuer Verlag, Leipzig und Weimar, 1986
- International Labour Office: The Global Seafarer, Genf, 2004
- Krauss, Werner: Die Welt im spanischen Sprichwort, Verlag Philipp Reclam jun., Leipzig, 1975

- Neumann, Siegfried (Hrsg.): Volksschwänke aus Mecklenburg, Akademie-Verlag, Berlin, 1970
- Peterson, Hans von: Mit vollen Segeln um die Welt, VEB Hinstorff Verlag, Rostock, 1984
- Richey, Werner: Seefahren ist kein Zuckerlecken, Hinstorff Verlag, Rostock, 2007
- Wettig, Knut-Hannes: Vorm Wind ist gut segeln, Union Verlag, Berlin, 1985

HANS-HERMANN DIESTEL

Aus einer Rostocker Familie stammend wurde Hans-Hermann Diestel 1942 in Tessin bei Rostock geboren. Am 1. September 1957 begann für ihn die Seefahrt als Lehrling bei der Deutschen Seereederei Rostock. Die letzte Reise des kohlegefeuerten Dampfers WISMAR ins Mittelmeer war seine erste. Als Lehrmatrose machte ihm 1962 Kapitän Schickedanz klar, dass er genug praktische Erfahrung gesammelt hätte und zur Seefahrtschule gehen solle. Ein Jahr später begann seine Laufbahn als Vierter auf dem Typ-IV-Schiff SCHWERIN unter Kapitän Willy Stock, einem Original der DSR. Nach drei Reisen als Vierter und Dritter, acht Monaten als Zweiter und einem Jahr als Erster wurde ihm mit 26 Jahren ein Schiff als Kapitän angeboten.

Am 28. Juli 2000 verlieh Prof. Dr. Ehlers, Präsident des Bundesamtes für Seeschiffahrt und Hydrographie, die von der Bundesregierung verliehene Seewart-Medaille an Kapitän Frank Sakuth, Kpt. z.S. Felmberg und Kapitän Hans-Hermann Diestel (von links).

Er fand, dass er für diese Position noch nicht ausreichend Erfahrung habe, und lehnte ab. Zwei Jahre später übernahm er die SCHWERIN. Als Student in Wustrow begann er, Seeunfalluntersuchungsberichte aus der *HANSA* und Sprüche der Kaiserlichen Seeämter zu sammeln. Seit 1978 veröffentlicht er Beiträge zur Schiffssicherheit in deutschen und britischen Fachzeitschriften. Der Seeunfalluntersuchung und Schiffssicherheit widmete er sich als Leiter der Seeunfalluntersuchung der DSR von 1985 bis 1989 verstärkt. Es überrascht deshalb nicht, dass sein erstes Buch, *Schiffe im Sturm*, eines der letzten in der DDR veröffentlichten Bücher ist.

Diesen Themen ist er auch in den folgenden Jahren als Kapitän und Verfahrensbeauftragter (DPA – Designated Person Ashore) bei einer Bremer Reederei treu geblieben. Für diese Aktivitäten wurde er im Jahre 2000 von der Bundesregierung mit der Überreichung der Seewart-Medaille gewürdigt. Auch nachdem er 2005 in den Ruhestand ging, hat Hans-Hermann Diestel sich als Autor, Auditor, Lektor und Ausbilder intensiv mit den Fragen der Seemannschaft und Schiffssicherheit auseinandergesetzt.

Die QUEDLINBURG läuft in Santiago de Cuba ein